ESSAY

KRITIK

MARGINALIEN

Robert Hugo Ziegler, geb. 1981, Akademischer Oberrat am Institut für Philosophie der Universität Würzburg. 2024 sind *Von der Natur*; *Kritik des reaktionären Denkens* sowie *Spinoza und das Flirren der Natur* erschienen.
www.philosophie.uni-wuerzburg.de/institut/allelehrsthlefrphilosophie/robertzieglerma/

Danilo Scholz, geb. 1984, Historiker und Publizist. Wissenschaftlicher Mitarbeiter am Kulturwissenschaftlichen Institut Essen.
danilo.scholz@kwi-nrw.de

Christian Geulen, geb. 1969, Professor für Neuere und Neueste Geschichte an der Universität Koblenz. 2017 erschien die vierte Auflage von *Geschichte des Rassismus*.
geulen@uni-koblenz.de

Adom Getachew, Professorin für Politikwissenschaften sowie Race, Diaspora & Indigeneity an der University of Chicago. 2022 erschien *Die Welt nach den Imperien*. (2019 als *Worldmaking after Empire: The Rise and Fall of Self-Determination*). – Der Beitrag erschien unter dem Titel *Black Atlantics* in der *New York Review of Books* vom 20. Juni 2024.

Andreas Eckert, geb. 1964, Professor für die Geschichte Afrikas an der Humboldt-Universität zu Berlin. 2021 erschien *Geschichte der Sklaverei. Von der Antike bis ins 21. Jahrhundert*.
andreas.eckert@asa.hu-berlin.de

Albrecht Koschorke, geb. 1958, Professor für Neuere Deutsche Literatur und Allgemeine Literaturwissenschaft an der Universität Konstanz. 2016 erschien *Adolf Hitlers »Mein Kampf«. Zur Poetik des Nationalsozialismus*.
albrecht.koschorke@uni-konstanz.de

Christoph Paret, geb. 1985, Wissenschaftlicher Mitarbeiter am Institut für Philosophie der Universität Wien. 2023 erschien *Wer hat Angst vorm alten weißen Mann? Maren Ades Rendezvous mit Alain Badiou*.
christoph.paret@univie.ac.at

David Wagner, geb. 1971, Schriftsteller. 2021 erschien *Verlaufen in Berlin*. – Bei dem Beitrag handelt es sich um den Vorabdruck eines Kapitels aus dem Roman *Verkin*, der im August erscheinen wird.

Susanne Neuffer, geb. 1951, Autorin. 2019 erschien *Im Schuppen ein Mann*; 2022 *Sandstein. Zwei Novellen*.
www.susanne-neuffer.de

ZU DIESEM HEFT

Der Skandal um die rassistischen Gesänge der deutschen Bürger auf Sylt hat den üblichen (sozial)medialen Empörungs-Schweinezyklus durchlaufen: Erst großes Entsetzen über die Verrohung der vermeintlich zivilisierteren Schichten, im Gegenzug dann Abwiegelung, Relativierung. Der Philosoph Robert Hugo Ziegler nimmt sich die Angelegenheit mit etwas Abstand und analytischer Genauigkeit noch einmal vor und fragt: Was genau ist hier eigentlich passiert? Was geht in den Singenden und Feiernden vor? Und vor allem: Warum bereitet die Grenzüberschreitung zum Rassismus diesen Menschen, die sich kaum als Rassisten begreifen, sichtlich so großen Spaß?

Die politische Polarisierung in vielen westlichen Gesellschaften und besonders der Hass auf die Regierenden sind Phänomene, deren affektive Überschüsse verstören. Albrecht Koschorke versucht in seinem Essay *Fluch der Macht* zu klären, was im Hintergrund dieses drohenden »Infarkts der kollektiven Krisenbewältigung« liegt. Die vielfachen Populismen beschreibt er dabei als Reaktionsmuster, die erfolgreich sind, weil sie Komplexität kollektiv und individuell bearbeitbar machen.

Immer wieder wird zur Erklärung des Nahost-Konflikts auf die Dekolonisierung Algeriens als mögliche Matrix der aktuellen Lage verwiesen – sei es, um den Terror vom 7. Oktober zum legitimen Widerstand zu erklären, sei es zur pauschalen Antisemitismus-Unterstellung gegenüber der postkolonialen Linken. Für Danilo Scholz ist das der Anlass zu einer gründlichen (Re)Lektüre einschlägiger Texte – im ersten Teil, den wir in diesem Heft drucken, geht es vor allem um Edward Said und Frantz Fanon (über die neue Fanon-Biografie von Adam Shatz schreibt Andreas Eckert in einem weiteren Text). Ein zweiter Teil, der sich unter anderem mit Fayez Sayegh und einem Themenheft von Jean-Paul Sartres Zeitschrift *Les Temps modernes* befasst, folgt im kommenden Heft.

CD/EK

Robert Hugo Ziegler

Die Sylter Pfingstgemeinde und der grenzenlose Spaß

Rassismus wird Pop

Ein kurzes Video, mit dem Handy aufgenommen. Darauf eine Festgesellschaft, offenkundig gut betucht. Nicht nur, weil sie in einem feinen Lokal in Kampen feiert; auch Kleidung und Stil weisen sie unzweideutig einer gehobenen Klasse zu. Im Vordergrund eine junge Frau, Mitte, Ende zwanzig, blonde Haare, die Sonnenbrille lässig ins Haar geschoben, weißes Hemd, den dunkleren Pulli locker darübergelegt. Fast ein Modeklischee. Sie lächelt in die Kamera, vielleicht hält sie das Handy, zumindest wirkt es so. Es läuft Musik, die man nicht gut hört, die junge Frau lacht und singt mit. Sie singt: »Deutschland den Deutschen, Ausländer raus!« Im Hintergrund steht ein Mann, etwa gleiches Alter, auf einem Stuhl oder Tisch, Zeige- und Mittelfinger der linken Hand unter die Nase gelegt, das Hitler-Bärtchen andeutend, die rechte macht eine uneindeutige Geste, eine Mischung aus Hitlergruß und Taktschlagen mit der flachen Hand. Vielleicht konnte er sich nicht ganz entscheiden. Die Musik im Hintergrund ist ein Song von Gigi D'Agostino, *L'amour toujours* von 2001. Die fremdenfeindliche Neubetextung kursiert in gewissen Kreisen offenbar seit 2023.

Die Aufnahmen sind zu Pfingsten 2024 in Kampen auf Sylt entstanden und wurden sofort zu einem Skandal, und das zu Recht. Mich interessiert hier aber nicht die Verurteilung des unverhohlenen Rassismus, nicht die Empörung und Entrüstung. Mich interessiert, *was da passiert ist* – und ich will das, bei aller Abscheu, nach *seinen* eigenen Maßstäben zu verstehen suchen. Was ist da also geschehen? Was *genau*?

Die Frage könnte überflüssig erscheinen: Da haben sich ein paar reiche Schnösel getroffen, gefeiert, sicher getrunken und dann ihrem sonst gut verkleideten Chauvinismus freien Lauf gelassen. Die Heftigkeit vieler Reaktionen kommt dann vielleicht auch daher, dass man endlich einmal *sieht*, was man auch wissen könnte, meist aber zu ignorieren vorzieht: dass Rassismus keine Sache nur für den tumben Pöbel ist, dass nicht einfach die vom Abstieg bedrohte Mittelschicht der Motor der rechten Radikalisierung ist, sondern dass die Oberschicht genauso ihre Rolle spielt im Wiedererstarken rechter und rassistischer Agenden wie alle anderen Klassen auch. Eigenartig, dass das so schwer zu fassen ist. Die Narrative, wonach es die piefigen Kleinbürger sind, die den Faschismus besonders herzlich umarmen, scheint selbst eine wichtige Funktion in der Erledigung des Faschismusproblems zu erfüllen. Aber auch darum geht es mir hier nicht.

Ich will Spaß

Ich gehe aus von zwei Beobachtungen, die vielleicht weniger eindeutig sind, aber die man ernst nehmen muss, um zu verstehen, was genau da geschehen ist. Ich habe das Video im Internet, auf YouTube, gefunden, und zwar in einer kurzen Meldung vom *Welt*-Nachrichtensender (ehemals N24).[1] Als ich die Kommentarspalte durchgescrollt habe, ist mir aufgefallen, dass die meisten der Kommentare – zumindest die meisten, die mir angezeigt wurden – das Geschehen zu bagatellisieren und die Reaktionen darauf zu diskreditieren versuchten. Auch das war keine große Überraschung; anders steht es schon bei den Mitteln, mit denen das erreicht werden sollte: Neben dem Naheliegenden, vor allem dem allgegenwärtigen »whataboutism« (»Aber wenn einer nach dem Kalifat schreit, schert das keinen!«), stach vor allem eine Argumentationslinie immer wieder heraus: »Man darf wohl keinen Spaß mehr haben!« Dieses Argument, das sei doch alles nur Spaß gewesen, man habe wohl Dampf abgelassen, ordentlich gefeiert, und man solle das doch nicht überbewerten, begegnete einem im Kommentarfeld immer wieder.

Nun wäre die Entgegnung auf dieses Argument natürlich einfach: Man könnte zum Beispiel darauf verweisen, dass die Taktik inzwischen altbekannt ist: etwas zu setzen, was gegen die aus gutem Grund etablierten Tabus verstößt, und dann, wenn die Empörung hochkocht, erklären, das sei doch nur Spaß gewesen, man dürfe das nicht so ernst nehmen, und die, die es doch täten, wollten sich wohl nur wichtigmachen, und überhaupt verstünden sie, wie man ja sehe, keinen Spaß. Diese Taktik dient sowohl der Strategie einer fortdauernden Verschiebung der gesellschaftlichen Orientierungspunkte nach rechts als auch der, die liberalen und linken Kritiker als miesepetrige Spielverderber und lebensfeindliche Rigoristen dastehen zu lassen. Die ganze Sache ist inzwischen allzu bekannt – und leider immer noch hoch wirksam. (Warum, das wird noch klarer werden.)

Man könnte auch einfach sagen: Wenn deine Vorstellung von Spaß zwingend rassistische Ausfälle beinhaltet, stimmt doch wohl etwas mit dir und deiner Vorstellung von Spaß nicht. Im Grunde ist das doch ein ganz unsinniges Argument, da es ja implizit unterstellt, es gäbe keine anderen Arten von Spaß: So, als wäre es keine Party, wenn man nicht jemanden beschimpfen darf.

1 https://www.youtube.com/watch?v=As6LOK5ArOY

Aber mir geht es um etwas anderes: Wenn man nämlich das Video anschaut, dann stellt man eines fest: *Die Leute hatten mächtig Spaß!* Der Kommentar, der als Entschuldigung nicht funktioniert, verweist auf etwas ganz Richtiges. Vor allem die junge Frau – auch, weil man sie am besten wahrnimmt auf diesem kurzen Video – strahlt eine solch unbekümmerte Gelöstheit aus, eine – das Wort wirkt völlig deplatziert, aber es gehört hierher – unschuldige Freude, dass man von dort anfangen muss. Sie lacht und ist übermütig und kichert und singt die rassistische Parole mehr, als sie sie grölt. *Ihre Heiterkeit ist fast ansteckend.* Und das ist genau der Punkt, der mich interessiert.

Man muss sich nur vergegenwärtigen, mit welchen Bildern diese Parole sonst verbunden ist. Ich denke da an dunkle Keller, in denen sich Nazis zum Rechtsrockabend zusammengefunden haben, oder an die Menschentrauben vor den Flüchtlingswohnheimen in Hoyerswerda. Davon ist man meilenweit entfernt. Die tumben, brunftschreiartigen Sprechgesänge, die man dort hörte oder mindestens vermutete *und die man für das Wesen des Rechtsextremismus hielt*, haben sich hier in eine ausgelassene Feier der Verachtung verwandelt. Natürlich hatten auch die Neonazis vor den Wohnheimen in Hoyerswerda ihren Spaß. Aber das ist doch wohl ein anderer Spaß als der, den die Kaschmirpulli-Träger in Kampen hatten. Was kann das heißen, dass Rassismus Spaß macht?

Überschreitung als Sackgasse

Man muss eine eigentümliche Umkehrung der Rollen konstatieren. Vor allem in den Sechzigern und frühen Siebzigern waren es die Linken, die als die Avantgarde einer heiteren Befreiung der Menschen auftraten. Der Nimbus, den man sich – zu Recht oder nicht – damals zugelegt hatte, wirkte noch lange nach. Nicht nur waren die *Ziele* solche einer verallgemeinerten Befreiung, einer ständigen Durchbrechung der beengenden Schranken, einer Überschreitung derjenigen Grenzen, deren quasipolizeiliche Durchsetzung schmerzhaft ist und unablässig Pathologien erzeugt: Nicht nur also sollte durch die Arbeit einer radikalen und rücksichtslosen Befreiung eine soziale Existenz in Heiterkeit und Ausgelassenheit, in Spontaneität und Freude erreicht werden, so sehr, dass die zentrale Rolle der Sexualität und ihrer Befreiung für die Achtundsechziger und ihre Nachfolger kein Zufall war, sondern das freie Ausleben der Sexualität jenseits aller Grenzen geradezu paradigmatische Bedeutung für die politische Arbeit selbst erlangte. Sondern auch die *Mittel* der Befreiung sollten primär solche sein, die sich durch dieselbe Spontaneität, Ausgelassenheit, Nonkonformität, gelegentlich nachgerade Albernheit auszeichneten.

Die kreative Neuerfindung von allerlei Techniken der Provokation, der Störung, der Überschreitung ließ Mittel und Zwecke zusammenfallen und begründete zugleich eine neue Lust an der Politik, die diese als eine Sache für Lausbuben und -mädchen erscheinen ließ. Auch von dieser Seite ist klar, dass die Sexualität paradigmatisch für diese Arbeit an der Befreiung wurde (eine Arbeit, die demnach ebenso sehr ein Spiel sein durfte), denn wenn man guten, befreienden, befriedigenden, urteilslosen Sex haben will, dann gibt es nur den einen Weg: ihn zu haben. Mittel und Zweck fallen hier unmittelbar zusammen.

Das Problem ist aber, dass diese Sichtweise und diese Praxis von Politik leicht einer allzu naheliegenden, aber schwerwiegenden Verwechslung unterliegen. Denn es ist zweifelsohne richtig, dass beispielsweise die rigiden Disziplinierungen von Sexualität vor allem junger Frauen, die bis in die sechziger und siebziger Jahre fast durchgängig herrschten, schlicht und ergreifend tyrannisch und destruktiv sind; die Grenze, die hier überschritten wurde, war nicht nur eine willkürliche, sondern auch eine ungerechte. Ihre Überschreitung war ein Akt echter Befreiung oder zumindest Auftakt dazu, ein erster Schritt zu einer umfassenderen Befreiung. Das heißt aber noch lange nicht, dass jede Überschreitung deshalb auch schon Befreiung ist.

Genau das aber scheint der große Irrtum zu sein, der implizit oder explizit seit den späten Sechzigern durch emanzipatorische Philosophie und Praxis geisterte. In einem überaus kritischen Text hat Mark Lilla konstatiert, dass Foucault als ein privater Abenteurer in Sachen Transgression einzuschätzen sei, der sich eher zufällig zwischendurch auch in die Politik verirrt habe.[2] Ob diese Diagnose zutreffend ist, muss hier nicht interessieren, entscheidend ist, was daraus folgt: *Transgression ist nicht per se eine emanzipatorische Geste*. Es kommt eben immer darauf an, *was* man überschreitet.[3] Auch ein Hitlergruß ist eine Transgression. Dass die neuen Rechten

2 Vgl. Mark Lilla, *Michel Foucault*. In: Ders., *The Reckless Mind. Intellectuals in Politics*. New York Review Books 2016.

3 Auf dieser Verwechslung beruhte auch der Flirt mancher Linker, Alternativer und Grüner mit Pädophilen, die es für ein paar Jahre lang wagen konnten, ihre Neigungen und die brutalen Konsequenzen des Auslebens derselben als eine andere Art von Transgression, als Liquidierung bourgeoiser Einschränkungen einer in sich natürlichen und gesunden Sexualität zu camouflieren. Simon Leys zitiert einmal George Orwell, der gesagt habe, es gebe gewisse Dinge, die nur Intellektuelle von sich geben könnten – kein normaler Mensch wäre dazu dumm genug. Das scheint nicht weit von der Wahrheit zu sein. Vgl. Simon Leys, *Roland Barthes en Chine*. In: Ders., *Le Studio de l'inutilité*. Paris: Flammarion 2014.

sich strategisch großzügig bei den alten Linken bedienen, muss dann nicht mehr verwundern.

Andererseits kann es immerhin sein, dass jede Überschreitung eine spezifische Lust produziert. Das ist die These Lacans. In der Überschreitung der Grenze entsteht die »jouissance«, die sich vielleicht als eine rauschhafte, orgiastische Lust beschreiben lässt, die aber zugleich offenkundig politische Obertöne hat: Nicht nur kann in *dieser* (also der lacanianischen) Perspektive die Aufgabe nie in der Abschaffung der Grenzen bestehen, weil die »jouissance« auf deren Überschreitung angewiesen ist; eine völlige Diskreditierung des »Gesetzes«, wie Lacan es nennt, würde damit die »jouissance« ganz einfach unmöglich machen. Daher bleibt diese Perspektive statisch und (in einem weiten Sinn) konservativ – Lacan ist und bleibt guter Katholik.

Aber nicht nur das, sondern diese Konzeption von »jouissance« begreift diese, insofern sie Überschreitung ist, als eine Machtergreifung und -demonstration. Es ist dabei letztlich nicht irgendeine empirische Macht, die ich mir (sei es auch flüchtig) »aneigne«, sondern im Gegenteil erhalte ich Anteil an der einen großen Macht des Gesetzes und des großen Anderen. Das heißt, dass die »jouissance« mich in die Position dessen setzt (allerdings nicht dauerhaft und stabil), der außerhalb des Gesetzes steht, weil er es erlässt. Die Lust der »jouissance« ist dann der Taumel der momenthaften Abwesenheit des Gesetzes, als dessen Träger ich mich selbst verkennen kann – weshalb folgerichtig Perversion durch die Anmaßung definiert ist, sich selbst das Gesetz zu geben. Es geht da also um einen Moment absoluter Macht, der zugleich auf einen absoluten Machthaber verweist, der diese absolute Macht in einem engen Sinn verkörpert. Ob es den nun geben kann oder ob er nur eine psychische Instanz oder Projektion ist, ist dabei nebensächlich, solange diese Instanz oder Projektion oder Funktion *wirkt*. So ist man bei der Sehnsucht nach einem absoluten Machthaber, an dessen permanenter, konstitutiver Lust man teilhaben könnte.

Ja, so eine Überschreitung ist lustvoll. In ihr wirkt das Gefühl von Befreiung und Ermächtigung – und zwar einer Befreiung, die gerade nicht mehr an die gängigen Konzeptionen politischer Befreiung gebunden ist; diese Befreiung ähnelt vielmehr Fantasien wie der, in ein fremdes Land zu reisen, in eine neue Welt, ein ungeahntes Leben zu leben, ohne Restriktionen, ohne Urteile, ohne Druck und Beengung. Es ist der Schwindel, der einen erfasst, wenn man meint zu erkennen, dass nun wirklich alles erlaubt ist. Ähnliches haben vielleicht einige erhofft und ersehnt, die seinerzeit in die Kolonien gegangen sind, um dort vor einer Bevölkerung zu stehen, mit der man einfach machen konnte, was man wollte. Und manche haben es dort wohl auch gefunden.

Ist das die Befreiung, die die junge Frau in Kampen zelebrierte? Ich kann das natürlich nicht wissen, aber mir scheint, dass das noch nicht ausreicht als Beschreibung.

Rassismus ohne Rassisten

Meine Ausführungen könnten auf den Einwand stoßen, dass ich unablässig über die Beweggründe, Gefühle und das Innenleben von Leuten spekuliere, die ich nicht kenne. Müsste ich nicht mindestens Gespräche, am besten gleich wissenschaftlich strukturierte Interviews führen? Ist es legitim, sich dergestalt über die Gefühlslage von Menschen auszulassen, die man auf einem verwackelten Video gesehen hat, das ein paar Sekunden dauert?

Die methodische Schwierigkeit ist nicht von der Hand zu weisen. Es kann sein, dass meine Deutungen ganz danebengehen. Etwa, wenn sich herausstellen sollte, dass die Feiernden auf Sylt alle bekennende Rechtsextreme wären. In diesem Fall aber würde auch gar keine philosophische Frage in Bezug auf das Phänomen bestehen, das ich zu umreißen suche. Meine Vermutung ist allerdings, dass die Sachlage etwas komplizierter ist und sich aus umfassenderen sozialen und politischen Ereignissen und Entwicklungen speist, deren Zeugen wir in den vergangenen Jahren werden konnten. Damit ist nichts Geheimnisvolles gemeint, sondern nur die Geschehnisse, die sich ganz öffentlich und medial weit verbreitet vollzogen haben. Im Übrigen stellt sich nicht einmal die Frage der Glaubwürdigkeit der Medien in diesem Fall – eine Frage, die, so wie sie heute meist gestellt wird, bereits Teil der Geschehnisse ist, die ich meine –, da es einfach um Entwicklungen und Wortmeldungen geht, die *als solche* gar nicht bezweifelt werden. Ich beschränke mich auf zwei Momente, die miteinander zu tun haben.

Auf der einen Seite steht die Tatsache, dass rechte, rechtsextreme, rassistische, fremdenfeindliche, antisemitische, mit dem Faschismus liebäugelnde und faschistische Denkweisen, Redeformen und politische Zielsetzungen in vielen Ländern des globalen »Westens« an Boden gewonnen haben.[4] In einigen Ländern sind mehr oder weniger offen rechte oder rechtsradikale Parteien und Politikerinnen an die Regierung gelangt. In praktisch allen

4 Dieser Westen ist natürlich keine geografische Kategorie. Man kann etwa an die pointierte Problematisierung von Stuart Hall denken. (Stuart Hall, *Der Westen und der Rest: Diskurs und Macht*. In: Ders., *Rassismus und kulturelle Identität. Ausgewählte Schriften* 2. Hrsg. u. übersetzt von Ulrich Mehlem u.a. Hamburg: Argument Verlag 2021.

Ländern des »Westens« haben die Wahlergebnisse dieser Parteien massiv zugelegt (im Fall von Deutschland verbunden mit der Radikalisierung der entsprechenden Partei).

Es geht hier nicht um die Ursachenanalyse, die man ohnehin nicht so einfach betreiben kann. Es geht zuerst nur um die triviale Feststellung, dass, wenn solche Parteien zunehmend an Wählerschaft und Zustimmung gewinnen, ihre ideologischen Grundzüge breitere Akzeptanz finden müssen, als sie sie vorher genossen. Es scheint mir wenig hilfreich, alles, was wir an rechter Mobilisierung sehen, auf die Aktivierung eines bereits bestehenden, aber latenten Rassismuspotentials zu schieben. Natürlich gab es immer Rassismus, latenten wie offenen, und manche, die früher ihre Gedanken lieber nicht laut ausgesprochen haben, tun das jetzt voller Stolz. Aber Umfragewerte von etwa 30 Prozent für die AfD in Thüringen wird man damit nicht mehr erklären können. Es ist – noch diesseits aller Deutung und Erklärung – so, dass es viele Menschen gibt, die die Radikalität der AfD (vor allem der Thüringer) akzeptieren und die das früher und bei Parteien mit vergleichbarer Rhetorik und Programmatik nicht taten. Sie akzeptieren das: Ob jubelnd oder widerwillig, genau das müssen zum Beispiel Umfragen klären; *dass* diese breitere Akzeptanz von oder Zustimmung zu rassistischen und rechtsextremen Politikformen da ist, steht diesseits der Deutung.

Auf der anderen Seite kontrastiert damit die mehr als anekdotische Tatsache, dass immer wieder solche, die in der einen oder anderen Weise rassistische Rhetorik oder Politik betreiben, versichern, sie seien keine Rassisten. Exemplarisch tat das zum Beispiel Donald Trump, als er erklärte: »I don't have a racist bone in my body.« Man kann annehmen, dass Trump das auch in allem Ernst glaubt. Diese Annahme hat immerhin den Vorteil, dass sie bereit ist, eine Aussage auf ihrer öffentlichen Ebene zu würdigen, und nicht verborgene Absichten und Hintergedanken unterstellt, die per definitionem nicht öffentlich sind. Ich möchte weiterhin für die gegenwärtige Diskussion annehmen, dass die Feiernden von Kampen das ebenfalls von sich sagen würden. Es ist richtig, dass ich damit spekuliere, aber diese Annahme kann sich auf die lange Reihe aufrichtiger Rassismusleugnung stützen, und sie ist deshalb gerade nicht die wohlwollendste – schon gar nicht eine entschuldigende –, sondern in Wahrheit die *verstörendste* Hypothese, die (das ist zumindest die Vermutung) mit der ersten Tatsache in Zusammenhang steht.

Nehmen wir also zum Zweck der Analyse an, dass die Feiernden von sich sagen, sie seien »natürlich« keine Rassisten. Nehmen wir an, dass sie darin »ehrlich« sind – in dem Sinn, dass sie jedenfalls nicht eine ihnen ansonsten bekannte Wahrheit verschleiern, um soziale Ächtung zu vermeiden. Sie denken also vielleicht wirklich von sich, sie seien keine Rassisten. Manche werden zum Beweis darauf verweisen, dass sie doch eine iranische Freundin und einen schwarzen Kollegen haben, mit dem sie sich hervorragend verstehen.

Auch lässt sich die Frage nicht mit Definitionen lösen. Man könnte ja, die vermeintlichen Rassisten verteidigend, behaupten, der »linksgrüne Diskurs« habe nach und nach die Grenzen des Sagbaren so eng gezurrt, dass man fast nichts mehr sagen könne, ohne als rassistisch zu gelten. Dieses Narrativ ist sicher Unfug. Man kann sehr vieles sagen, ohne rassistisch zu sein. »Deutschland den Deutschen, Ausländer raus!« gehört nicht dazu. Das ist aber ein interessanter Punkt, denn offenbar werden da heiter und spaßig alle Grenzen übersprungen. Hier werden nicht, wie etwa in den öffentlichen und halböffentlichen Kommunikationen der AfD regelmäßig, die Grenzen ein wenig ausgetestet, es wird nicht mit Zweideutigkeiten provoziert. Nein, *da setzten sich welche entschieden weit ins Aus des öffentlich erlaubten Diskurses. So weit, dass keine Interpretation mehr möglich ist.* Außer der einen – die auch nicht möglich ist, die aber eben bemüht wird, und nicht durch Zufall –, dass das Ganze doch nur Spaß gewesen sei. Diese Entschlossenheit scheint aber entscheidend zu sein.

Man könnte (mit einem Maximum an interpretatorischem Wohlwollen) sagen, dass sich im Vorwurf an einen angeblich tyrannischen »linksgrünen« Diskurs der politischen Korrektheit eine richtige Empfindung verkleidet: Es gibt Gründe anzunehmen, dass einige Formen und vor allem einige Durchsetzungsformen politischer Korrektheit in Wahrheit nicht an der Herstellung gerechterer Verhältnisse interessiert sind, sondern nur als soziale Distinktionsprozesse funktionieren, um bestimmte Gruppen und Klassen verlässlich von der Teilhabe auszuschließen. Wenn das stimmen sollte, ließen sich vielleicht Verengungen und Malaisen, nicht zuletzt affektive erklären; das heißt noch lange nicht, dass dadurch auch rassistische Gesänge gerechtfertigt wären, denn die sind nicht zu rechtfertigen.

Schließlich, wenn die Feiernden kategorisch erklärten, sie seien keine Rassisten, dann liegt darin auch, aber nicht nur der Effekt einer gewissen sprachlichen Praxis: Rassist zu sein ist heute so weitreichend diskreditiert, dass fast niemand sich zu so einem Begriff bekennen würde. In gewisser Weise ist der Begriff fast nicht mehr zur Selbstzuschreibung zu gebrauchen. Und das selbst bei denen, die zweifellos Rassisten sind.

Aber man muss die Funktionsweise eines solchen Begriffs näher beleuchten. Wenn sich zum Beispiel ein Mann als Feminist bezeichnet, dann überantwortet er sich dadurch einer Festschreibung, die sich nicht mehr so leicht abschütteln lässt, und das nicht zuletzt, weil er als Mann nicht darüber entscheiden kann, was es bedeutet, Feminist zu sein. (Dadurch unterscheidet sich so ein Bekenntnis von einem zu beispielsweise einer philosophischen Schule oder einer politischen Parteinahme: Die Begriffe »Platoniker« oder das notorisch vage »Sozialist« funktionieren nach einer anderen Logik.)

Mit dem Feminismus ist es aber anders, denn die Deutungsmacht darüber lässt sich nicht einfach abschütteln und nicht vereinnahmen, vor allem nicht von einem Mann. Genau darin besteht ja ein unverzichtbarer Aspekt des Sinns von Feminismus überhaupt. Sage ich von mir, ich sei Feminist, dann ist klar, dass ich mich einer Reihe von Forderungen gegenübersehen werde, die ich noch gar nicht absehen kann. Man (und Frau) wird von mir erwarten, dass ich mich auch dementsprechend verhalte, und wie das »dementsprechend« zu verstehen ist, entscheide dabei nicht ich. Ich kann auch nicht einfach sagen, ich habe es mir anders überlegt. An so entscheidender Stelle frivol zu tun, würde mich zu Recht diskreditieren. Man merkt, dass so ein Bekenntnis eine nicht ganz harmlose Sache ist. Man legt sich fest auf eine Verbindlichkeit, deren Weite und Auswirkungen nicht im Vorhinein feststehen und die von anderen bestimmt werden.

Nun ist mit einem hypothetischen Bekenntnis zum Rassismus nicht eine ähnliche Verbindlichkeit verknüpft: Wer würde schon von einem Rassisten viel erwarten? Es ist ganz einfach so, dass diese Kategorie *fast* nur noch als Fremdzuschreibung gebraucht wird.[5] Der Begriff funktioniert primär als Kategorie des Anderen. Als solche Fremdzuschreibung und Abgrenzungskategorie, die ihren wohlverdienten abschätzigen Gehalt hat, handelt es sich nicht zuletzt um eine massive *Verdinglichung*. Es ist nicht, wie im Fall des Bekenntnisses zum Feminismus, so, dass ich mich fortan bereitzuhalten habe für die Forderungen, die dieses Bekenntnis mir einhandeln wird; vielmehr wird mit der Kategorie eine fertige Gestalt mitgeliefert, mit intellektuell wie moralisch festen Konturen. Wie jede solche Kategorie des Anderen ist auch die des Rassisten notwendig reduktiv und nähert sich der Karikatur an – was gerade nicht bedeutet, dass sie nicht richtig wäre oder unzulässig. Doch *als solche* stellt sie eben eine Verdinglichung dar, mit der man sich in der Tat kaum identifizieren kann, weiß man doch, dass man *so* nicht ist: Denn wer ist schon *genau* wie eine harte Kategorie.

Falls das nicht ohnehin klar sein sollte: Diese Analyse ist keine Kritik an der Kategorie des Rassismus und keine Aufforderung, sie aufzugeben – was in der Tat gleichbedeutend wäre mit der Legalisierung des Rassismus. Sie

5 Es ist allerdings nicht auszuschließen, dass diese Einschätzung auf der spezifischen Form optischer Täuschung beruht, die ganz grundsätzlich die bürgerliche Sicht auf die Welt ausmacht.

soll ganz im Gegenteil die Kategorie des Rassismus und der Rassistin oder des Rassisten klären und schärfen helfen. Dazu gehört, dass auch in der Kategorie des Rassismus immer ein *Moment der Fremdheit* liegt, dem man sich aber – anders als im Fall des »Feminismus« – nicht einfach überantworten kann. Es ist die Fremdheit *meines* Rassismus, der mir fremd bleibt, weil ich ihn selbst verabscheue (und vielleicht nicht wahrhaben will), und der als fremder doch meiner bleibt; und es ist die Fremdheit des Vorwurfs und der Zuschreibung von Rassismus durch andere, die nicht zuletzt deshalb Ablehnung hervorruft, *weil Rassisten eben immer nur die anderen sind*. Verdinglichung und Fremdheit schaffen die begriffslogischen Voraussetzungen dafür, dass es allerorten Menschen gibt, die rassistisch sprechen und handeln und zugleich ihren Nichtrassismus mit bestem Gewissen bekräftigen.

Zu dieser begriffslogischen Dimension kommt eine sozial-pragmatische. Der soziale Druck kann es dahin bringen, dass ein Rassist nicht einmal selbst versteht, dass er einer ist. Es ist bekannt, wie regelmäßig und zuverlässig hier die Selbsteinschätzungen (als tolerant, weltoffen, nichtdiskriminierend usw.) und die faktischen Handlungsweisen (Gesten, Erwartungen, Zögerlichkeiten in der Konfrontation mit fremd Aussehenden, Kommentare, Neigung zur Benachteiligung etc.) auseinanderklaffen. In der Tat ist fast niemand für sich selbst ein Rassist, weil sich Toleranz und Humanismus *auf der abstrakten Ebene*, ganz allgemein eben, begrifflich, *mit der faktischen Ausgrenzung und Diskriminierung in allen tatsächlichen Fällen hervorragend vertragen*. Rassist wäre man nur – so die dahinterstehende, aber nie ausgesprochene Prämisse –, wenn man die Hierarchisierung der »Rassen« nicht nur praktiziert, sondern auch in aller Allgemeinheit, als Theorie behauptet. Rassist wäre man dann nur, wenn man selbst von sich sagt, dass man Rassist ist.

Auch diese Selbstimmunisierung, die Rassismus ohne Rassisten hervorbringt, scheint sich bei einer Tendenz zu bedienen, die man üblicherweise eher mit liberalen Diskursen verbindet (und dass diese Überkreuzung von Liberalismus und Rassismus möglich ist, ist eben der entscheidende Punkt): bei der Tendenz, sämtliche fremden Zuschreibungen und alle objektiven Ansprüche an Handlungen und Begriffe zu diskreditieren. Nur die Selbstdefinition könne wahrhaften Aufschluss geben.

Freilich umfasst der Rassismus ohne Rassisten eine ganze Bandbreite von Phänomenen, vom subtilen Alltagsrassismus bis zur massiven Ausgrenzung. In seinem Licht ist eine differenzierte Betrachtung von Handlungsweisen möglich und eine ebenso differenzierte Reaktion auf sie. Er bereitet das Verständnis des Sylter Spaß-Rassismus vor, bringt aber dessen spezifische Natur noch nicht zum Ausdruck.

Grenzenloser Spaß

Nach diesen umwegigen Vorüberlegungen komme ich zum Kern meines Arguments: Die Grundannahme ist dabei, dass sich das, was zum Beispiel in Kampen geschehen ist, nur wirklich verstehen lässt, wenn man ganz ernst nimmt, dass da junge Leute Spaß hatten. Das klingt wie die empörendste Verharmlosung. Ich meine aber das genaue Gegenteil davon: Ich glaube im Ernst, dass wir die Schwere und die Gefahr dieses spezifischen Rassismus ohne Rassisten nur dann begreifen werden und dass wir auch erst dann dagegen Instrumente finden werden, wenn wir von dieser ersten Konstatierung ausgehen.

Selbstverständlich ist das Grölen dieser Parole rassistisch. Aber wenn wir davon ausgehen, verstehen wir nicht, wieso sie gegrölt wird. Sie wird ja auch nicht unbedingt gegrölt. Die junge Frau im Vordergrund, deren Stimme man (wie es scheint) hört, singt sie halbwegs tonsicher mit. Die rassistische Parole camoufliert sich als, transformiert sich in eine Pop-Hymne. Der Mann im Hintergrund hält sich die stereotypen beiden Finger als angedeutetes Hitler-Bärtchen unter die Nase; seine Rechte macht dabei eine Bewegung, die sich nicht eindeutig identifizieren lässt, und das ist wohl auch genau der Witz an der Sache (wobei es wieder unerheblich ist, ob dahinter eine präzise Absicht steht): Es lässt sich einfach nicht klar entscheiden, ob die Hand einen Hitlergruß macht oder, wie im Hip-Hop üblich, flach im Rhythmus auf und ab schwingt.

Das ist exakt der Punkt: *Wir sind da Zeugen einer Annexion der Popkultur durch den Rassismus und (umgekehrt) einer Integration, einer Absorption des Rassismus in die Formen der Popkultur*. Von außen ist klar, dass da Rassismus wirkt: Es ist *von außen* klar, denn jenseits der Popkultur des überreifen Liberalismus ist unzweifelhaft, dass es eine öffentliche, kollektive, Verantwortung heischende Wahrheit von Akten gibt (körperlichen und sprachlichen). Egal, wie man es dreht und wendet: Wer diese Parole von sich gibt, sagt Rassistisches.

Von innen aber, aus der Perspektive der Feiernden, verfehlt diese Anschuldigung die gesamte Realität der Feier: nämlich Feier zu sein. Alles ein riesengroßer Spaß. Wo etwas in die Formen der Populärkultur gegossen wird, verliert es automatisch jede politische Dimension – zumindest gilt das für die Populärkultur, die wir gegenwärtig haben. Daher ergibt es einen guten Sinn, dass das, was von außen als Rassismus erkennbar ist, von innen nicht nur kein Rassismus ist, sondern überhaupt nichts Politisches. Was Trump als System betreibt – die Leugnung aller Verbindlichkeiten unter Menschen –, ist hier zu einer selbstverständlichen Voraussetzung des Feierns geworden.

Dabei ist es aber eben nicht gleichgültig, dass es *diese* Parole ist, die in Kampen ebenso gerne und lustvoll gerufen wird wie in Vechta und in Louisenlund. Wie schon gesagt, ist das nicht eine der Formeln, deren sich gewiefte rechte Agitatoren bedienen, um einerseits ihre Botschaft unters Volk zu bringen, andererseits aber »deniability« zu wahren (und wie nebenbei jedes Mal die Grenzmarken der öffentlichen Kommunikation, letztlich die im Sprachlichen niedergelegte Wertordnung einer Gesellschaft, ein klein wenig zu verschieben). Nein, die Parole »Deutschland den Deutschen, Ausländer raus!« lässt keinen Deutungsraum mehr zu. Und genau darum geht es. Dieser Spaß funktioniert nur, wenn man sich so weit in das Jenseits des Sagbaren katapultiert, dass man von allen Pflichten befreit ist.

Dieser Spaß ist aber durch die Lacan'sche Definition der »jouissance« nicht erschöpft. Sie allein würde ihn nicht herstellen, diesen ganz spezifischen Spaß. Vielmehr erfüllt die Umdichtung von *L'amour toujours* zwei augenscheinlich unvereinbare Forderungen: Erstens erlaubt man sich, mit dem Unsagbaren zu experimentieren. Man spricht aus, was untersagt ist. Man überschreitet eine Grenze. Diese Transgression hält also einerseits gewiss den Lustgewinn im Sinn der »jouissance« bereit. Es kommt hinzu, dass es eine kollektive Transgression ist: Man schafft und bekräftigt so eine Gemeinschaft. Nun ist aber das, was da gewagt wird, nicht irgendetwas. Die Transgression ist keine beliebige. Es handelt sich um nichts Geringeres als um *die Transgression ins Faschistische*.

Der Faschismus hält mehr bereit als nur das allgemeine Versprechen auf Transgression. In der Tat ist sein Verhältnis zur Transgression ambivalent, denn Grenzüberschreitung wird im Faschismus ja nur im Rahmen striktesten Gehorsams ermöglicht. Was der Faschismus aber immer kultiviert und bereithält als affektive Gratifikation, ist das *Schwelgen in Brutalität*. Das ist in zivilisierten Kontexten mit Acht belegt; noch genauer: Die Acht der Brutalität ist die Bedingung, dass eine Situation oder Gemeinschaft zivilisiert ist. Das Schwelgen in Brutalität aber – das auch nur verbal sein kann oder, wie im vorliegenden Fall, halbwegs melodisch gesungen – ist eine Lust ganz eigener Art, die in der Fantasie besteht, man könne alles, was einen stört oder vermeintlich am eigenen Glück hindert, einfach zerstören. *Vollständigkeit durch Vernichtung*, das Hochgefühl des Überlebenden,[6] Herstellung einer unvermischten und von allem Fremden gereinigten Einheit. »Deutschland den Deutschen, Ausländer raus!« »Das Glück als Kugel«, wollte ich schon schreiben, und das fasst vielleicht den anvisierten Endzustand; aber

6 Vgl. Elias Canetti, *Masse und Macht*. Frankfurt: Fischer 2006.

um den geht es nicht, sondern es geht um den Weg dahin, um die Vernichtung des Anderen, weil es stört. Wer den Impuls zu diesem Brutalismus gar nicht kennt, ist entweder ein ethisch sehr hochstehender Mensch oder ein sehr gewissenhafter Lügner. Wer sich ihm hingibt, ist in Gefahr – und seine Umgebung noch mehr. Der Lustgewinn der Parole mobilisiert also mehrere Ebenen: Transgression und »jouissance«, Faschismus und Brutalismus, Gewalt und Selbstbejahung, und das alles in einer ad hoc hergestellten Gemeinschaft, die zugleich eine größere, überzeitliche aktualisiert (»die Deutschen«).

Der Sinn dieses Spaßes ist aber nicht vollständig, wenn man nicht die andere Seite berücksichtigt. Man sichert sich nämlich auch ab: Diese Sätze sind so inakzeptabel, dass niemand – kann man nun zugleich behaupten – sie im Ernst sagen kann. Es war doch nur Spaß. Außerdem hat man sie doch nicht vor brennenden Asylbewerberheimen gegrölt und auch nicht auf der AfD-Demo, sondern im schicken Nobelrestaurant, mit lauter feinen gebildeten Leuten um sich. Ja, man hat es sogar *gesungen*. Das *muss* doch wohl ironisch gemeint gewesen sein. So oder so ähnlich ist in diesen Akt eine »deniability« des Rassismus eingebaut, die seine Brutalität unvermittelt mit einer ausgelassenen und dem Anschein nach unschuldigen Heiterkeit vermengt.

Es ist nicht auszuschließen, dass ein guter Teil des Abscheus, den dieses Video und andere, ähnliche Akte und Äußerungen beim bürgerlichen Publikum hervorrufen, zu dem gehört, was die Psychoanalyse »Abwehr« nennt. Wenn das stimmt, dann ist die Verlockung des Rassismus stark, und sie ist stark auch in jenen, die sich in allen Einzelheiten ihres Lebens gegen sie zu wehren wissen.

Die besondere Reaktion aber, die das Sylter Video hervorruft, hat zudem – so die These – mit dem zweiten Aspekt zu tun: mit der eingebauten »deniability«, die reale Heiterkeit ermöglicht. Alles ein riesiger Spaß. Diese *Entpolitisierung von etwas, das nicht entpolitisiert werden kann*, der Rassismus ohne Rassisten als Pop-Phänomen, ist auf eine bislang unbekannte Weise verstörend. Es ist ein Spaß, der gerade durch die Triebenergie des politischen Tabus denen, die ihn mitmachen, wie unpolitisch und als *absoluter Spaß* erscheinen muss. Die Verstörung rührt auch daher, dass die Grenzziehung zwischen dem Politischen und »Ernsten« einerseits und dem bloßen Spaß andererseits verwischt und eine ganz spezifische Uneindeutigkeit hergestellt wird, von der man kaum noch weiß, von welcher Seite sie anzupacken ist.

»Kulturmarxismus« als Vorbild

Die Neuen Rechten haben ganze Arbeit geleistet. Während die linksliberale und die bürgerlich-konservative Öffentlichkeit in Politik, Journalismus und Wissenschaft sich gar nicht mehr im Ernst fragte, ob sich grundsätzlich etwas ändern würde – warum auch, lief doch alles spitze ... *für sie* –, und den Schlaf der Gerechten schlief, arbeiteten die Neuen Rechten konsequent an einer Strategie, die ihnen langfristig die Deutungshoheit gewinnen sollte.

Ausgerechnet die Linken waren die Vorbilder dieser Strategie. Man glaubte, in der nachmarxistischen Tradition eine Tendenz erkannt zu haben, die materialistischen Vorzeichen der Marx'schen Revolutionstheorie umzukehren. Man fand, etwa bei Gramsci oder in der Frankfurter Schule, eine Theorie, die in Reaktion auf die Nichterfüllung revolutionärer Heilserwartungen noch einmal ihre Hoffnungen auf die Kultur warf: Man müsse, so die Rekonstruktion, Kultur, Bildung, Medien, Kunst usw. als den Kampfplatz begreifen, der das Schicksal der Revolution entscheide; man müsse über diese Bereiche die Herrschaft erringen, um so die Menschen, vor allem die jungen, zu erreichen und mit dem richtigen Denken zu umgeben; der Rest ergebe sich dann fast von allein.

Als *Tendenz* lassen sich ähnliche Gedanken in der linken Theorie des 20. Jahrhunderts sicher immer wieder nachweisen. In der neurechten Imagination wurde daraus allerdings etwas mehr, nämlich geradezu ein diabolischer Masterplan, der unter dem Namen des »Kulturmarxismus« durch zahlreiche Publikationen geistert – unter anderem berief sich Anders Behring Breivik auf diese Verschwörungstheorie.

Hier ist nicht diese Verschwörungstheorie an sich relevant, sondern die Strategie, die die Neuen Rechten aus ihr abgeleitet haben. Sie haben sich nämlich vorgenommen, diese Strategie zu übernehmen und in ihrem Sinn umzukehren. Man könnte meinen, damit wäre die eine Verschwörungstheorie durch eine andere ersetzt worden; aber man muss das gar nicht zu großartig interpretieren: Nicht nur war diese Strategie keine, die *alle* Rechten in den letzten Jahrzehnten verfolgt hätten, noch muss man dazu irgendwelche verborgenen Mächte und Gesellschaften ins Spiel bringen. Die Teilverschleierung der Ziele und Werte hat mit der Natur dieser Ziele und Werte zu tun; aber es gibt benennbare und einflussreiche Akteure, die exakt diese Strategie offen aussprechen. In dem Buch *Die Angstmacher* von Thomas Wagner, das eine Art Panorama der Neuen Rechten bietet (in ganz kritischer Ausrichtung) und diese gerade im Kontext der umgekehrten Anwendung der altlinken Strategien darstellt, findet sich ein Interview mit Götz Kubitschek und seiner Frau Ellen Kositza. Die beiden stehen mit ihrem »Institut für

Staatspolitik« (offiziell aufgelöst im Mai 2024), der Zeitschrift *Sezession* und dem Verlag Antaios im Zentrum der publizistischen und ideologischen Arbeit der Neuen Rechten in Deutschland. Es ist also nicht irgendwer, der da spricht. Kubitschek beschreibt seine Arbeit so: »Wir wollen den Staat über das Argument und *über eine kulturelle Hegemoniestrategie* zu einer Tendenzwende bringen – und nicht gewalttätig.«[7] Denselben Sinn einer Strategie der Verschiebung und, in Wahrheit, Umkehrung kultureller Werte durch geduldige Manipulation bedient der in diesem Interview wie in vielen ähnlichen Publikationen verwendete Begriff der »Metapolitik«. Man braucht keine Verschwörungstheorie, es ist ja auch keine Verschwörung: Prominente Vertreter der Neuen Rechten sprechen offen und öffentlich diese Strategie aus.

Sie können dabei aber auf einen anderen Aspekt zurückgreifen, den sie ebenfalls von den alten Linken übernehmen und vereinnahmen – diesmal mit tatkräftiger Unterstützung ihrer Gegner. Wie erwähnt, ist die Transgression per se kein politischer Akt; sie ist vor allem nicht per se ein emanzipatorischer politischer Akt.

Der Irrtum mancher Linker bestand darin, für einen Inhalt, für ein Ziel oder einen Zweck zu halten, was bestenfalls gelegentliche Taktik sein konnte. Die Leere der Transgression *als solcher* erwies sich als Hindernis für echte Emanzipation, weil sie einen vagen Appell zu Überschreitungen forderte, für die immer neue Grenzen gefunden werden mussten. In dem Maß aber, in dem sich linksliberale (also bereits domestizierte linke) Diskurse in die Machtpositionen schoben, durften gewisse Grenzen gerade nicht mehr angetastet werden. Zusammen mit einem naiven Begriff des Fortschritts ergab das einen Imperativ, der darauf zielte, erstens immer »liberaler« zu sein, das heißt eine immer umfassendere Durchlässigkeit und letztlich Auflösung von Kategorien überhaupt zu betreiben, bei zweitens gleichzeitiger Aufforderung, auf keinen Fall *hinter* die einmal erreichte Flüssigkeit der Kategorien zurückzufallen. Mit anderen Worten, die Transgression sollte einerseits der Name der Befreiungsarbeit selbst sein, sie sollte aber immer nur in der einen Richtung weitergetrieben werden, und da *musste* sie auch weitergetrieben werden. Schließlich funktionierte das drittens nur, weil man zugleich übereinkam, dass gerade die ökonomischen und politischen Grundverhältnisse nicht angetastet werden konnten. Diese Konstellation ergab das Bild der linksliberalen Eliten oder dessen, was Michel Clouscard als »libertäre Sozialdemokratie« oder »libertären Liberalismus« bezeichnet.

7 Thomas Wagner, *Die Angstmacher. 1968 und die Neuen Rechten*. Berlin: Aufbau 2017 (meine Hervorhebung).

Es war Clouscard, der diese Gesellschaftsformation auf ihren einfachsten Nenner gebracht hat: »tout est permis, mais rien n'est possible«.[8]

Man sieht also, dass die Berufung auf die Transgression nicht nur von Anfang an mindestens problematisch war, sondern dass sie längst heuchlerisch geworden ist. Die Linken (oder die als solche gelten) treten in Wahrheit oft als Spielverderber auf, ganz einfach weil sie herrschende Positionen einnehmen oder zumindest Diskurse hegemonial bestimmen. Wenn zum Beispiel die Grünen als »Verbotspartei« kritisiert werden, dann stimmt das natürlich so nicht; es trifft aber einerseits den Aspekt, dass Überschreitungen nur noch eine Richtung haben dürfen – und ist das, der Überschreitung gewisse Richtungen vorschreiben, andere verbieten zu wollen, nicht schon die Aufgabe der Idee der Überschreitung selbst? Andererseits verschafft sich in diesem Vorwurf vielleicht auf unklaren Wegen das Empfinden für die widersprüchliche Position der Grünen und der Linksliberalen allgemein Ausdruck: wortreich die Transgression zu fordern und sie zugleich faktisch (nämlich auch politisch, ökonomisch) unmöglich zu machen. Alles ist erlaubt, nichts ist möglich.

Die Rechten profitieren heute von diesem Widerspruch. Sie können sich als die Vertreter der Lebensfreude, als die Wortführer der Freiheit, als die Verteidiger des Genusses und der Heiterkeit verkaufen, als hip und cool. Und sie tun dies, indem sie genau das kultivieren, was die Linken für ihre Domäne gehalten hatten, die Transgression eben. Es ist also nicht nur so, dass die ultimative Gelöstheit der Sylter Festgesellschaft genau durch *diese* Überschreitung provoziert wird; es ist andererseits auch das Angebot, das ihr von den Rechten selbst gemacht wurde (als Einlösung des gebrochenen Versprechens der Linken), auf das sie zurückgreifen kann. Begehren und kulturelle Offerte entsprechen einander. Wo sich Angebot und Nachfrage treffen, entsteht der Rassismus als Pop.

8 Michel Clouscard, *Néo-fascisme et idéologie du désir. Genèse du libéralisme libertaire* [1973]. Paris: Éditions Delga 2013 (das Zitat stammt aus einem Post-Scriptum von 1998).

Danilo Scholz

Der Algerienkrieg als Matrix für den Nahostkonflikt? (I)

Es waren nicht einmal zwei Wochen vergangen, seit die terroristische Hamas und ihre dschihadistischen Bundesgenossen das größte Massaker an Juden seit dem Holocaust verübt hatten, und zwar auf dem Gebiet jenes Staates, der diesen als Heimstätte und Schutzraum dienen sollte. Doch es schien, dass alle erforderlichen Versatzstücke, um die antisemitische Gräueltat einzuordnen, für so manchen bereits seit längerem bereitlagen. Man musste sie nur zusammenfügen, um sich ein so schlüssiges wie geschlossenes Bild von diesem mörderischen Angriff auf jüdisches Leben zu machen.

In der amerikanischen Kulturzeitschrift *n+1* wusste Timothy DeMay ganz genau, durch welche Brille man dieses Blutbad zu betrachten hat. Als Schlüssel für die Ereignisse des 7. Oktober diente ihm eine Szene aus dem Film *Die Schlacht um Algier* (1966) des italienischen Regisseurs Gillo Pontecorvo. In dieser dokumentarisch anmutenden Filmfiktion schreiben wir das Jahr 1956: Im Kampf um die Unabhängigkeit Algeriens scheut die Nationale Befreiungsfront FLN nicht vor dem Einsatz von Gewalt zurück, um die französische Kolonialmacht aus dem Land zu jagen. Eine Kamera sucht, begleitet vom nervösen Rhythmus martialischer Trommeln, ein gut besuchtes französisches Café in der Hauptstadt Algier ab. Erwachsene und Kinder sitzen, Zivilisten allesamt, dichtgedrängt um Tische. Zohra, eine junge Frau, die sich der FLN angeschlossen hat, stellt unauffällig ihre Handtasche an der Bar ab und verlässt das Lokal. Die Tonspur lässt den Geräuschpegel steigen, Gesprächsfetzen und unbekümmerte Bemerkungen der Gäste stürmen auf die Zuschauer ein, sehnsüchtige Blicke werden gewechselt, ein Kleinkind leckt Eis. Plötzlich eine laute Explosion – die von Zohra gelegte Bombe geht hoch.

DeMay nötigt die Leser seines Essays, ihm einen ganzen Absatz lang beim Vergießen von Krokodilstränen zuzusehen.[1] Wie gern würde er daran glauben, dass sich eine gerechte Welt auch unter Verzicht auf Gewalt verwirklichen ließe. Wenn man wenigstens Zivilisten verschonen könnte! Wäre es nicht schön, die Widersacher würden sich an einen Tisch setzen und diese bewaffnete Auseinandersetzung friedlich beilegen? Nein, ruft DeMay sich selbst zur Ordnung, das geht eben nicht: So schrecklich er ist, so sehr er unser moralisches Empfinden auch erschüttern mag, der Terror hat seine

1 Timothy DeMay, *The Café and the Colony*. In: *n+1* vom 20. Oktober 2023 (www.nplusonemag.com/online-only/online-only/the-cafe-and-the-colony/).

geschichtsphilosophische Berechtigung, im Algerienkrieg genauso wie im Israel-Palästina-Konflikt. Überrascht ist DeMay eigentlich nur darüber, dass die Palästinenser in Gaza und anderswo bislang nicht häufiger blutige Anschläge durchgeführt haben. Was seine Anteilnahme so verlogen erscheinen lässt, ist ihr kühl kalkulierter Einsatz – sie ist nur Mittel zum Zweck eines Gedankengangs. An dessen Ende steht die ungeheuerliche Ungerührtheit, mit der DeMay das Grauen auf seinen zwar unschönen, aber historisch notwendigen Platz verweist. Es kann niemanden wundern, dass sich Einlassungen dieser Art in den letzten sechs Monaten zu einem gewaltigen Konjunkturprogramm für eine deutsche Entrüstungsindustrie verdichtet haben, für die der Postkolonialismus zum wichtigsten Treibstofflieferanten wurde.

Man möchte kurz einhaken und ein paar Rückfragen zu dieser Analogiebildung stellen: Handelt es sich bei der israelisch-palästinensischen Dauerkrise überhaupt um einen Dekolonisierungskonflikt, bei den Palästinensern um unterjochte Untertanen, bei Israel um eine Kolonialmacht, und wenn ja, seit wann überhaupt: seit 1967, seit 1948 oder noch vor der Staatsgründung, seit Beginn des zionistischen Siedlungsprojekts? Will man die fundamentalistische Hamas, der man keine exterminatorischen Absichten unterstellen muss, weil hochrangige Sprecher der Organisation diese bei jeder Gelegenheit selbst herausposaunen, tatsächlich zur antikolonialen Befreiungsbewegung aufwerten? Die europäischen Siedler in Algerien konnten den Rückzug nach Frankreich antreten, wo sie als Staatsbürger anerkannt wurden. Welches Schicksal droht der jüdischen Bevölkerung Israels ohne diesen Staat gewordenen Rückzugsort?

Der Vergleich zwischen Israel und Algerien mag hinken, aber in letzter Zeit begegnet man ihm auf Schritt und Tritt. In propalästinensischen Aufrufen fordern linke Verleger, die Erinnerung an den »Widerstand, der Algerien von seinen französischen Kolonialherren befreite«, hochzuhalten, damit sich jeder ausmalen kann, was auch für die Palästinenser in den Bereich des Möglichen rücken könnte.[2] Französische Journalisten gemahnt ein extremistischer israelischer Kabinettsminister wie Itamar Ben-Gvir an die fanatischen Ultras unter den Siedlerkolonialisten in Algerien.[3] Ein Absolvent der US-Militärakademie West Point warnt die Regierung in Jerusalem davor,

2 *Publishers for Palestine: Statement of Solidarity*. In: *Verso* vom 3. November 2023 (www.versobooks.com/blogs/news/publishers-for-palestine-statement-of-solidarity).

3 Denis Sieffert, *Les Occidentaux dans le miroir du conflit israélo-palestinien*. In: *Politis* vom 31. Oktober 2023 (www.politis.fr/articles/2023/10/les-occidentaux-dans-le-miroir-du-conflit-israelo-palestinien/).

sich mit dem Krieg in Gaza genauso zu verrennen, wie es die Franzosen bei der Aufstandsbekämpfung in Algerien taten, da sich die Gewaltspirale ansonsten immer blutiger weiterdrehen könnte.[4]

Dass die Parallele zwischen Algerien und Israel-Palästina vielerorts aufgegriffen wird, hat auch damit zu tun, dass sie seit geraumer Zeit gebrauchsfertig zur Verfügung steht. Sie hat selbst eine Geschichte, die es zu rekonstruieren lohnt, weil sie weitaus verwickelter ist, als man annehmen könnte, und voller abgründiger Volten steckt. Ein Grund dafür, dass sich die Analogie in manchen Kreisen einer gewissen Beliebtheit erfreut, liegt in der engen Verbindung von postkolonialen Theorien und französischsprachigem Denken begründet, auf das der Algerienkrieg in der zweiten Hälfte des 20. Jahrhunderts wie eine toxische Hintergrundstrahlung einwirkte. Dieses vom Kolonialgeschehen in Nordafrika affizierte Denken schlug dann selbst wiederum auf gewisse Kulturbereiche durch. Eine der Vorlagen, auf die sich Pontecorvo und sein Drehbuchautor Franco Solinas bei den Vorarbeiten zu *Die Schlacht um Algier* stützten, war das Werk Frantz Fanons.[5]

Fanon und das jüdische Algerien

Als Felix Klein im Februar dieses Jahres in der *FAZ* dem Postkolonialismus die Leviten las, konnte man zunächst meinen, es mit einer Theorie ohne Autoren zu tun zu haben, denn auf die Namen einzelner Denker, von Textnachweisen ganz zu schweigen, wartete man in seinem Artikel die längste Zeit vergeblich. Schließlich rief der Antisemitismusbeauftragte dann aber doch Frantz Fanon als Hauptangeklagten auf. Über Tote zu Gericht zu sitzen ist immer ein heikles Unterfangen, aber so grotesk verkürzt, wie Klein das Leben und Wirken der auf Martinique geborenen Galionsfigur des algerischen Unabhängigkeitskampfs wiedergab, war damit fast schon die Grenze zur üblen Nachrede überschritten. Wenn Fanon unversehens mit all jenen in eine Reihe gestellt wird, die Hitlerdeutschland als »Vogelschiss der Geschichte« abtun und den Holocaust relativieren, weil sie die »Terrorherrschaft der Nationalsozialisten« geflissentlich verkennen, ist Gegenrede angezeigt.[6]

4 Sean Tomlinson, *What the French evisceration of Algeria has to do with Gaza today*. In: *Responsible Statecraft* vom 11. März 2024 (responsiblestatecraft.org/france-algeria-war-gaza/).

5 Edward Said, *The Dictatorship of Truth: An Interview with Gillo Pontecorvo*. In: *Cinéaste*, Nr. 25/2, 2000.

6 Felix Klein, *Hierarchien des Hasses*. In: *FAZ* vom 21. Februar 2024.

Zum Nationalsozialismus hatte Fanon nämlich kein regierungsamtliches, sondern ein existentielles Verhältnis. Nach der schmählichen Niederlage der französischen Armee gegen Hitlers Wehrmacht im Juni 1940 gab das Kollaborationsregime von Philippe Pétain nicht nur im französischen Mutterland, sondern auch in Fanons kolonialisierter Heimat Martinique den Ton an. Für Fanon war es völlig ausgeschlossen, sich mit diesen Spießgesellen der deutschen Despotie einzulassen. Er glaubte an das Versprechen von 1789, an die Menschenrechte, an Freiheit, Brüderlichkeit und Gleichheit, auch wenn dieses Versprechen offenkundig für die als Bürger zweiter Klasse behandelten Bewohner der französischen Überseegebiete hohl klang. Das schmälerte freilich nicht das emanzipatorische Potential dieser Verheißung.

Auf eigene Kosten brach er nach Dominika auf, wo er zur gaullistischen Résistance stieß. Im März 1944 ließ sich der Widerstandskämpfer Fanon über Algerien nach Frankreich einschiffen, um sich den Nazis mit der Waffe in der Hand entgegenzustellen. Seine Einheit geriet im November 1944 in der Nähe von Besançon unter schweren deutschen Mörserbeschuss. Fanon bot sich als Freiwilliger an, um in dieser brenzligen Situation Nachschub aufzutreiben, und wurde dabei verwundet. Für diesen Akt der Tapferkeit und seinen aufopfernden Einsatz wurde er mit dem Croix de Guerre ausgezeichnet. Der Aberwitz der Geschichte wollte, dass ihm niemand Geringerer als Raoul Salan dieses Abzeichen anheftete – jener Offizier, der später die französische Kolonialherrschaft in Algerien mit Zähnen und Klauen verteidigte.[7] Als sich Anfang der 1960er Jahre abzeichnete, dass de Gaulle den algerischen Unabhängigkeitsforderungen nachgeben würde, ging Salan sogar in den Untergrund, um durch terroristische Anschläge dafür zu sorgen, dass Algerien französisch bleibt. Fanon jedenfalls stand den universalistischen Prinzipien in einer historischen Stunde bei, als ihr Fortbestand in Europa mehr als fraglich war. Hätten mehr Menschen so selbstlos wie er ihr Leben im bewaffneten Kampf gegen NS-Deutschland riskiert, wer weiß, vielleicht hätte es dann in der mit dem sogenannten Dritten Reich als Völkerrechtssubjekt identischen Bundesrepublik keiner Antisemitismusbeauftragten bedurft.

Fanon kam nicht als militanter Antikolonialist zur Welt, er wurde dazu gemacht. Nach Kriegsende stellte der Widerstandsheld de Gaulle gleiche Bürgerrechte für alle Menschen im französischen Hoheitsgebiet in Aussicht, ob in den Kolonien oder der Metropole, und ließ den vollmundigen Worten

7 Adam Shatz, *The Rebel's Clinic. The Revolutionary Lives of Frantz Fanon.* New York: Farrar, Straus & Giroux 2024. Vgl. hierzu auch den Beitrag von Andreas Eckert in diesem Heft.

viel zu wenige Taten folgen. Für Fanon brach eine Welt zusammen, als er in der Armee und während seines Medizinstudiums in Lyon von weißen Franzosen systematisch ausgeschlossen, beleidigt und verhöhnt wurde. Erst da dämmerte ihm, dass sich die Werte von 1789 für Menschen wie ihn nicht in, sondern zeitweilig nur gegen Frankreich verwirklichen lassen.

Felix Klein treibt insbesondere der israelbezogene Antisemitismus um, der sich im postkolonialen Denken eingenistet habe. Allerdings ergibt sich im Fall von Fanon eine nicht ganz unbedeutende Schwierigkeit: Der Mann, der im Alter von nur sechsunddreißig Jahren verstorben ist, hat sich in seinem kurzen Leben zu Israel so gut wie nie geäußert. 1961 findet sich eine knappe Bemerkung über die von Adenauer ausgehandelten Wiedergutmachungszahlungen der Bundesrepublik an Israel. Beiläufig erwähnt er zudem in einem Reisebericht aus Mali Israels wirtschaftliche Erschließung der »Wüste« in einer Reihe mit westlichen Mächten, die versuchen, ihre neokolonialen Ansprüche im Nahen Osten abzustecken. Die kühne Behauptung, dass Fanon den jüdischen Staat als Vorposten des westlichen Imperialismus ins Visier nahm, lässt sich jedoch nirgendwo belegen.

Weitaus präsenter als Israel sind in Fanons Schriften Juden – und das auf mitunter bedenkliche Weise. Eine auch nur halbwegs Anspruch auf Vollständigkeit erhebende Auseinandersetzung mit Fanons Ansichten zum Judentum im Allgemeinen sowie zur Rolle der jüdischen Bevölkerung Algeriens im Besonderen kann an dieser Stelle nicht erfolgen. Doch es sollen wenigstens die groben Umrisse seiner Denkweise skizziert werden. In seinem 1952 erschienenen Erstling *Schwarze Haut, weiße Masken* scheint neben gelegentlicher Kritik vor allem Fanons Bewunderung für Jean-Paul Sartre durch. Insbesondere die Schrift *Überlegungen zur Judenfrage*, die Sartre 1944 verfasst und 1946 veröffentlicht hat, hinterließ bei ihm tiefe Spuren. Immer wieder führt Fanon den Rassismus, dem schwarze Menschen ausgesetzt sind, mit dem Antisemitismus eng, mit dem sich Juden konfrontiert sehen. Beide Identitäten nehmen erst im Blick der Mitmenschen eine Gestalt an, die sie nicht ohne Weiteres hinter sich lassen können: So wie bei Sartre der Antisemit den Juden konstituiert, so bringt in *Schwarze Haut, weiße Masken* der Rassismus der Weißen die Person of Colour hervor. Für Fanon waren Benachteiligung und Anfeindungen Erfahrungen, die Juden und Schwarze miteinander teilen. Vor diesem Hintergrund sind auch die Rückblende in seine Schulzeit und die Erinnerung an jenen Philosophielehrer auf Martinique zu verorten, der seinen Zöglingen einschärfte: »Wenn ihr hört, dass man schlecht über Juden redet, dann spitzt die Ohren, denn man spricht von euch.«

Zugleich sind Fanon zufolge Juden und Schwarze durch eine *colour line* getrennt. So postuliert er unterschiedliche Grade der Markierbarkeit durch den fremden Blick, die er auf äußere Erscheinungsmerkmale (oder Zuschreibungen ebensolcher) zurückführt. Schwarze Menschen werden aufgrund ihrer Hautfarbe unmittelbar rassifiziert, wohingegen jeder Jude »ein Weißer« sei, der deshalb bisweilen von Antisemiten »unbemerkt bleiben« könne. Die Mär, dass Juden der Welt der Weißen angehören, hat sich in der Tat wie ein Lauffeuer im postkolonialen Lager verbreitet. Erfassen lässt sich die multiethnische Wirklichkeit Israels mit diesem Raster genauso wenig wie der Kampf arabischer und schwarzer Juden um Gleichberechtigung. Es formte darüber hinaus Fanons Blick auf den Holocaust, den er zu einer rein innereuropäischen Angelegenheit provinzialisiert. »Natürlich«, so heißt es in *Schwarze Haut, weiße Masken*, wurden die Juden »verfolgt, ausgerottet, vergast«, doch letztlich sind das »kleine Familienstreitigkeiten« (»ce sont là petites histoires familiales«). Die verstörende Wortwahl verweist auf einen enormen blinden Fleck Fanons. Denn dass es eine weiße Bevölkerungsgruppe massenmordend auf eine weitere weiße Bevölkerungsgruppe abgesehen habe und der Fall damit erledigt sei – dieser Kurzschluss wird der Eigenlogik des Antisemitismus, die der industriellen Vernichtung der europäischen Juden ideologisch den Boden bereitet hat, und seiner langen Vorgeschichte im christlichen Antijudaismus in keiner Weise gerecht.

In Nordafrika brach für Fanon die starre Dichotomie der Rassendiskriminierung zwischenzeitlich ohnehin auf. Bei seinem ersten Aufenthalt in Algerien während des Zweiten Weltkriegs bewegte er sich durch eine für ihn neue Vorurteilslandschaft. Die Feindseligkeit, die ihm in Teilen der einheimischen Bevölkerung des Maghreb entgegenschlug, traf Fanon unvorbereitet. Sie war Teil einer pyramidalen Kolonialhierarchie in Französisch-Algerien, die auf Landnahme beruhte und an deren Spitze Fanon weiße Siedler verortete, gefolgt von Juden, Arabern und Berbern sowie, ganz unten, den Schwarzen.

Diese schematische Klarheit besitzt der empirische Flickenteppich der kolonialen Gesetzgebung in Algerien nicht.[8] Seit 1848 wurde das Territorium nominell nicht mehr als Kolonie eingestuft, sondern wie ein *département* behandelt – als wäre es so französisch wie irgendein Landstrich in der Bretagne. In Wahrheit blieb Algerien ein Experimentierfeld kolonialer Unterdrückung durch Entrechtung. Der Code de l'indigénat, der nach und nach auf alle französischen Überseegebiete ausgedehnt wurde, nahm 1875 seinen Ausgang in Algerien. Er sonderte weiße französische Siedler, die volle Bürgerrechte genossen – die ab 1889 auch Siedlern aus Spanien, Italien und Malta eingeräumt wurden –, juristisch von der eingesessenen, oft musli-

8 Avner Ofrath, *Colonial Algeria and the Politics of Citizenship*. London: Bloomsbury 2023.

mischen Bevölkerung ab, die zu »Untertanen« erklärt wurde. De facto stellte man damit bis 1945 eine Notstandsgesetzgebung auf Dauer, die der französischen Kolonialverwaltung freie Hand ließ, die Gewaltenteilung weitgehend aushebelte und die Individual- und Eigentumsrechte der *indigènes* nach Belieben einschränken konnte.

Die jüdische Bevölkerung Algeriens nahm eine Zwischenposition ein. Einige Juden lebten seit mehr als tausend Jahren in Nordafrika, andere, wie die Sephardim, hatten sich nach der Vertreibung von der iberischen Halbinsel in Algerien niedergelassen, wieder andere kamen als Siedler im 19. Jahrhundert. Anfangs häufig ähnlich unterprivilegiert wie die muslimische Mehrheitsbevölkerung, verlieh ihnen das Décret Crémieux 1870/71 die französische Staatsbürgerschaft, die ihnen unter dem Vichy-Regime Pétains wieder aberkannt wurde. Für den zehnjährigen Jacques Derrida, der in Algerien in einer französisch-jüdischen Familie aufwuchs, brach eine Welt zusammen, als ihm 1940 unmissverständlich mitgeteilt wurde, dass er kein Franzose mehr sei.[9] Nach dem legislativen Dammbruch gab es auch bei den Symptomen der Verrohung im Alltag kein Halten mehr, zur zunehmenden sozialen Isolation kamen Demütigungen und Gewalt. Das Vorrücken der französischen Widerstandskräfte in Nordafrika entzog der antisemitischen Vichy-Gesetzgebung bald den Boden, so dass 1943 die Juden Algeriens wieder zu Bürgern Frankreichs wurden – eine militärisch abgesicherte Rehabilitation, die einige von ihnen der französischen Republik nie vergessen sollten.

Als sich spätestens 1954 die Unruhen in Algerien zu einem blutigen Kolonialkrieg auswuchsen, standen viele französische Juden vor der Frage, wie sie es mit der Unabhängigkeitsbewegung hielten.[10] In Paris nahm der junge Althistoriker Pierre Vidal-Naquet, dessen Eltern in Auschwitz ermordet worden waren, erhebliche persönliche Risiken auf sich, um den systematischen Einsatz von Folter auf Seiten der französischen Armee öffentlich zu machen oder sich auf die Suche nach jenen Fürsprechern der algerischen Unabhängigkeit zu begeben, die im verschleiernden Jargon der französischen Kolonialherren in den Akten als spurlos »verschwunden« geführt wurden.[11] In Algerien selbst gaben währenddessen auch einige Juden ihre bürgerliche

9 Onur Erdur, *Schule des Südens. Die kolonialen Wurzeln der französischen Theorie*. Berlin: Matthes & Seitz 2024.

10 Ethan B. Katz, *The Burdens of Brotherhood. Jews and Muslims from North Africa to France*. Cambridge/Mass.: Harvard University Press 2015.

11 Pierre Vidal-Naquet, *L'Affaire Audin, 1957–1978*. Paris: Minuit 1989; ders., *La Torture dans la République. Essai d'histoire et de politique contemporaine (1954–1962)*. Paris: Minuit 1972; ders., *Face à la raison d'État. Un historien dans la guerre d'Algérie*. Paris: La Découverte 1989.

Existenz auf und gingen in den Untergrund, um der Sache der FLN zum Sieg zu verhelfen – was Fanon stürmisch begrüßte.

Nichtsdestotrotz befanden sich unzählige Juden im Algerienkrieg in einem offensichtlichen Dilemma. Das räumte Fanon auf seine Weise in den journalistischen Texten ein, die er mit imponierender Regelmäßigkeit für die Tageszeitung *El Moudjahid* produzierte. Die Situation, so Fanon, werde noch dadurch verschärft, dass der allgegenwärtige Rassismus im Land vereinzelt auch in jüdischen Gemeinden gedeihe. So mancher Jude, schrieb er im publizistischen Zentralorgan der FLN, werde zwar von den französischstämmigen weißen Siedlern »verachtet und ausgeschlossen«, aber habe doch kein Problem, bei Gelegenheit mit ihnen »gemeinsame Sache zu machen«, wenn es gilt, die arabischen Algerier zu »demütigen«. Solche Einzelfälle zu einem Pauschalbefund aufzubauschen kam Fanon allerdings nie in den Sinn. Wer insinuiere, die jüdische Bevölkerung Algeriens stehe »auf der Seite des Kolonialismus« und »der Unterdrücker«, befinde sich auf einem Irrweg.[12]

Viele der 130 000 in Algerien lebenden Juden sahen jedoch keinen Anlass, die Verbindung zu Frankreich zu kappen. Dafür schien ihnen die Zukunft, die ihnen als Minderheit in einer mehrheitlich muslimischen Gesellschaft bevorstehen würde, zu ungewiss. Es bedurfte keiner hellseherischen Fähigkeiten, um zu dem Schluss zu gelangen, dass Juden im unabhängigen Algerien alles andere als willkommen sein würden. Im Laufe des Algerienkriegs hatte sich die in den Reihen der FLN und der algerischen Bevölkerung aufgestaute Wut auf die *pieds-noirs* als Inbegriff der Fremdherrschaft etliche Male auch gewaltsam gegen Juden gerichtet, die diesen weißen Siedlern zugerechnet wurden. Brach sich hier Judenhass Bahn, oder war es antikolonialer Furor? Gegen Letzteres sprechen zumindest all jene Fälle, in denen Synagogen geschändet, jüdische Einrichtungen zerstört und Rabbiner ermordet wurden.[13] Die Juden Algeriens stimmten allemal mit den Füßen ab. Im Oktober 1962, wenige Monat nach der Unabhängigkeit, zählte man noch 25 000 von ihnen, 1971 waren es weniger als 1000 und Schätzungen zufolge leben heute noch etwa 200 Juden in Algerien. Die meisten von ihnen gingen nach Frankreich.

Die journalistischen Interventionen in *El Moudjahid* waren jedoch nicht das letzte Wort Fanons zu Algerien, der mit einer Million Bewohnern europäischer Abstammung neben Südafrika größten weißen Siedlerkolonie in Afrika. Den *Verdammten der Erde*, erschienen im November 1961, eilt bis heute – oder vielmehr: gerade heute – der Ruf voraus, ein gewaltver-

12 Frantz Fanon, *L'An V de la révolution algérienne*. Paris: Maspero 1959.

13 Geneviève Dermenjian, *Antijudaïsme et antisémitisme en Algérie coloniale*. Aix-en-Provence: PU Provence 2018.

herrlichender *double act* zu sein. Dafür verantwortlich ist nicht zuletzt das Vorwort Jean-Paul Sartres, das Fanons Ausführungen häufig überschattet. Begegnet sind sich die beiden erst gegen Ende von Fanons Leben, auf Vermittlung von Claude Lanzmann, zu jener Zeit Redakteur in der von Sartre 1945 mitbegründeten Zeitschrift *Les Temps Modernes*. Gleich im ersten Kapitel entwirft Fanon einen Showdown, in dem die Gewalt der weißen Siedler gegenüber der einheimischen Bevölkerung auf die Gegengewalt der aufständischen Kolonisierten trifft. Fanon wusste als Mediziner aus eigener Anschauung, dass Krieg und Terror ihr zerstörerisches Werk in Psyche und Körper der Überlebenden fortsetzen – nichts davon wird in *Die Verdammten der Erde* ausgespart. Und trotzdem lässt sich nicht leugnen, dass der antikolonialen Gewalt bei Fanon ein emanzipatorisches, streckenweise sogar erlösendes Moment innewohnt. Die drastischsten Formulierungen stammen jedoch von Sartre: »Denn in der ersten Zeit des Aufstands muss getötet werden: einen Europäer töten, heißt, zwei Fliegen mit einer Klappe treffen, nämlich gleichzeitig einen Unterdrücker und einen Unterdrückten aus der Welt zu schaffen. Was übrig bleibt, ist ein toter Mensch und ein freier Mensch.«

Wer solche Sätze formuliert, lebte in den 1960er Jahren gefährlich und wurde zur Zielschiebe all jener, die sich mit dem Ende der französischen Kolonialherrschaft in Algerien nicht abfinden mochten. Rechte Terrorgruppen, die sich aus französischen Offizieren und militanten weißen Siedlern rekrutierten, trachteten Sartre nach dem Leben, darunter auch die Organisation Armée sécrète (OAS), die nicht einen, sondern gleich zwei Bombenanschläge auf Sartres Pariser Wohnung in der Rue Bonaparte verübte. Sowohl im Juli 1961 als auch im Januar 1962 blieb Sartre unversehrt.

Auf die Lage in Israel hat Fanon seine Theorie antikolonialer Gewalt nie angewendet, auch von Palästinensern ist bei ihm nicht die Rede – diesen Schritt gingen andere in seinem Namen. Der iranisch-amerikanische Historiker und Kulturphilosoph Hamid Dabashi verwahrte sich nach dem 7. Oktober dagegen, Fanons Denken in irgendeiner Weise zu entschärfen, andernfalls würde man den Palästinensern eine ihrer schlagkräftigsten theoretischen Waffen für den gewaltsamen Widerstand aus der Hand nehmen.[14] Saree Makdisi, ein palästinensisch-amerikanischer Literaturkritiker und Professor an der UCLA, zog eine mindestens genauso kompromisslose Verbindungslinie zwischen Algier und Gaza: »Algerische Revolutionäre mas-

14 Hamid Dabashi, *War on Gaza: How critics are twisting Frantz Fanon's legacy*. In: *Middle East Eye* vom 5. März 2024 (www.middleeasteye.net/opinion/war-gaza-how-critics-are-twisting-frantz-fanons-legacy).

sakrierten 1962 in Oran französische Männer, Frauen und Kinder. Warum erwartet man von den Palästinensern – oder irgendjemandem sonst –, dass sie anders vorgehen würden?«[15] Die »Strukturen dieser Gewalt« habe Fanon in *Die Verdammten der Erde* ein für alle Mal offengelegt. Für beide Autoren ist Israels Status als Kolonialmacht so selbstverständlich, dass sie sich nicht einmal mehr zu einer Begründung bequemen.

Verständnis für die ursprüngliche Position Fanons hat auch Jean Améry entwickelt, aber aus der Perspektive eines überzeugten Zionisten, der den Holocaust überlebt hat. In seinem Essay *Die Geburt des Menschen aus dem Geiste der Violenz* aus dem Jahr 1968 knüpft Améry an Fanons frühe Idee an, dass Juden und schwarze Kolonisierte die Erfahrung eines getrennt erlebten, aber geteilten Leids eint. Was Fanon in dieser Hinsicht schildert, so Améry, »entsprach in manchem Bezuge eigenen, prägenden und unverlierbaren Erlebnissen, die ich als jüdischer KZ-Häftling gehabt hatte«. Auch Fanons »notwendiger Zweifel an allem Europäischen« leuchtete ihm, der in den genozidalen Abgrund der westlichen Zivilisation geblickt hatte, ein – mehr noch: Dieser Zweifel, findet Améry, sollte Allgemeingut werden. Selbst im von Fanon entworfenen Bild der repressiven »Violenz« erkannte sich Améry wieder: »Die Situation, in der ich mich als politischer und jüdischer KZ-Häftling befand, war durchaus vergleichbar der des Kolonisierten, wie Frantz Fanon sie schildert [...] Auch die KZ-Welt war eine manichäische [...] Wie der Kolonisierte Frantz Fanon hat auch unsereins zumindest einmal am Tage daran gedacht, den Platz des unterdrückenden Gebieters einzunehmen.«

Die erlösende Gegengewalt blieb Millionen Juden verwehrt, Améry eingeschlossen. »Wie kam es, dass ich, ein anonymes, winziges Rädchen im Herstellungs- und Verteilungsapparat illegaler Agitationsliteratur, es niemals ganz verwinden konnte, nicht mit der Waffe in der Hand den Unterdrücker bekämpft zu haben?« An seinen Glauben, dass Freiheit und Würde, »um Freiheit und Würde zu sein«, in gewissen Umständen über »den Weg der Violenz erkämpft werden« müssen und »im Lager der Befreiungskämpfer der Mensch sich gebiert«, änderte das allerdings genauso wenig wie die repressiv-autokratischen Abwege, auf die Algeriens Machthaber vom Schlage eines Houari Boumedienne das Land nach der Unabhängigkeit gebracht haben.[16]

15 Saree Makdisi, *No Human Being Can Exist*. In: *n+1* vom 25. Oktober 2023 (www.nplusonemag.com/online-only/online-only/no-human-being-can-exist/).

16 Jean Améry, *Die Geburt des Menschen aus dem Geiste der Violenz. Der Revolutionär Frantz Fanon* [1968]. In: Ders., *Widersprüche*. Stuttgart: Klett 1971.

Der Versuchung, den Fanon-Leser Améry gegen den Antisemitismustheoretiker Améry auszuspielen, sollte man widerstehen. Beide Aspekte laufen in seinem Zionismus zusammen. Im »anti-imperialistischen« Widerstand gegen die britische Mandatsmacht in Palästina und im israelischen Unabhängigkeitskrieg von 1948 erkämpfte sich das jüdische Volk gewaltsam einen Staat, der ihm ein selbstbestimmtes Leben als Bürger Israels ermöglichte.[17] Und dieses Gemeinwesen verteidigen die Israel Defense Forces, wenn nötig mit einem Präventivschlag wie im Sechstagekrieg 1967, genauso wie Améry, der das Land nur einmal bereiste, ihm beispringt, wenn europäische Linke deswegen »israelische Unterdrücker« am Werk sehen, die »mit dem ehernen Tritt römischer Legionen friedliches palästinensisches Land« zerstampfen. Dass Linke allen Ernstes behaupteten, in Israel gehe es inzwischen zu wie »einstens in Algerien«, verschlug Améry den Atem. Alles nur, weil »einmal der Jude nicht verbrannt wurde, sondern als herrischer Sieger dastand, als Besatzer«? In seiner Gefährdung, auch durch den neuen anti-israelischen Antisemitismus, sei »der Jude immer noch schlechter dran« als »Frantz Fanons Kolonisierter«, denn jüdisches Leben sei potentiell überall bedroht. Auf diese existentielle Gefahrenlage hinzuweisen, hielt Améry gleichwohl nicht davon ab, den Palästinensern unumwunden ein Recht auf nationale Selbstbestimmung zuzugestehen.

Edward Said: Palästina ist nicht Algerien

Der Titel von Edward Saids 1999 erschienener Autobiografie, *Out of Place*, benennt eine geistige Befindlichkeit und eine physische Realität. Er bezieht sich in einer gewagten Entsprechung sowohl auf Saids eigene Existenz als globetrottender Intellektueller im akademischen Starsystem als auch auf die kollektive Misere des staatenlosen palästinensischen Volks. Ein Gefühl der Unzugehörigkeit durchzog sein ganzes Leben. Er entstammte einem anglikanisch geprägten Haushalt inmitten einer arabischen Enklave orthodoxer Christen. In Kairo wuchs er als Palästinenser unter Ägyptern auf. Das Studium in den USA und sein Lehrstuhl an der Columbia University versetzten ihn in ein überwiegend weißes universitäres Milieu, in dem er als Araber herausstach. Keine noch so ausgeprägte Bewunderung konnte sein Bedürfnis nach Zugehörigkeit stillen.

Der Sechstagekrieg markierte 1967 einen Einschnitt für Said, das Ausmaß der arabischen Niederlage rüttelte ihn auf. Er vertiefte sich in die Darstellung arabischer Bevölkerungsgruppen in den Schriften europäischer

17 Jean Améry, *Der ehrbare Antisemitismus*. In: *Zeit* vom 25. Juli 1969.

Orientalisten, ging dem Verhältnis von Aufklärung und Kolonialismus nach und nahm in Augenschein, was man etwas hochgestochen als Repräsentationen des Anderen bezeichnet. Doch wichtiger als *Orientalism* sind für die vorliegende Fragestellung zwei andere Bücher: zum einen *The Question of Palestine* (1979), zum anderen *Culture and Imperialism* (1993). Geplant war *The Question of Palestine* ursprünglich als schmaler Band, als eine Art Informationsbroschüre zum Palästinenserproblem. An *Orientalism*, keine Frage, haben sich die Geister geschieden. Mit seiner stellenweise zur Einseitigkeit tendierenden Lesart einer ganzen Gelehrtentradition brachte Said Kritiker und Experten gegen sich auf. Aber das war nichts im Vergleich zu dem Sturm, der sich nach der Veröffentlichung von *The Question of Palestine* über Said zusammenbraute.

Auf einer grundlegenden Ebene geht es Said darum, eine narrative Gegenstrategie zum Zionismus auszuarbeiten. Was Said auf den Begriff des »Palästinismus« bringt, sollte die erstaunlich häufig anzutreffende Neigung überwinden helfen, die Existenz einer palästinensischen Nation schlicht zu negieren. Auf Widerspruch stieß auch die von Said popularisierte These, Israel sei ein kolonialer Siedlerstaat. Zwar war Said nicht der Urheber des Ideologems, demzufolge Zionismus und europäischer Kolonialismus »gemeinsame Ursprünge« haben, aber er verhalf ihm zu akademischer Salonfähigkeit. Er hält es für erwiesen, dass die frühen zionistischen Siedler die arabische Bevölkerung in Palästina mit »genauso« herablassender Verachtung straften wie die weißen Europäer die Einheimischen in Nord- und Südafrika. Im Israel-Palästina-Konflikt geht dieses Verhältnis bei Said anders als in Südafrika jedoch nicht in einem starren Täter-Opfer-Schema auf. Die Entbehrungen der Palästinenser kreidet er zwar dem »vordringenden Siedlerkolonialismus« an, doch dieser – notwendige, aber nicht hinreichende – Zugriff gesteht allein den Palästinensern eine Opferperspektive zu. Man dürfe jedoch weder das »reale Grauen des europäischen Antisemitismus« außer Acht lassen noch übersehen, dass Israel als Staat der Juden bemerkenswerte »Errungenschaften« vorzuweisen hat. Im Umkehrschluss wäre auch der »palästinensische Widerstand« gut beraten, einen Blick in den Spiegel zu werfen, dann würde ins Auge springen, dass seine eigene Weste nicht eben »blütenrein« ist.

Bezugnahmen auf den Algerienkrieg sind bei Said eher spärlich gesät. Von Pontecorvos *Die Schlacht um Algier* war er allerdings so fasziniert, dass er 1992 für das britische Fernsehen den Dokumentarfilm *The Dictatorship of Truth* produzierte und einsprach – ein Durchgang durch das gesamte Schaffen des italienischen Regisseurs. Auf einige Berührungspunkte zwischen der Erfahrung der Algerier und dem Schicksal der Palästinenser kam

Said in *Culture and Imperialism* zu sprechen. Während *Orientalism* den Schatten aufzeigte, den westliche Phantasmagorien des Morgenlands auf die arabische Welt warfen, stellte *Culture and Imperialism* die vielfältigen Formen des Widerstands gegen westliche Machtansprüche in den Vordergrund. Said tauchte in das Werk von Fanon ein und kehrte von dieser Forschungsreise mit einem Autor im Gepäck zurück, dessen Stunde erst jetzt, in einem Moment der Krise postkolonialer Staatlichkeit, geschlagen hatte.

Entgegen einer weitverbreiteten Ansicht prallen koloniale Unterdrücker und kolonisierte Unterdrückte bei Fanon nicht ausschließlich als monolithische Blöcke aufeinander. Einheimische Eliten und nationale Bourgeoisien, warnte Fanon in *Die Verdammten der Erde*, stehen in den unabhängigen Staaten Afrikas und Asiens in den Startlöchern, um die alte Unterjochung im neuen Gewand fortzusetzen. Fanon wäre bestürzt gewesen über die Despoten, all die Idi Amins und Robert Mugabes, die im globalen Süden, animiert von einer – so Said – mordlustigen ethnischen »Identitätspolitik«, ihre Länder vom kolonialen Regen in die postkoloniale Traufe führten. Gänzlich unerwartet wäre diese Entwicklung für ihn allerdings nicht gekommen, wie Said vermutet. Die Warte, von der aus Fanon auf das Weltgeschehen blickte, verschaffte ihm einen Beobachtungsvorteil. Die »langandauernde westliche imperiale Mission« in Algerien und die sich hinziehende, unterbrochene und gewaltsam verzögerte Dekolonisierung hätten Fanon dafür sensibilisiert, wie nachhaltig sich diese Weltanschauungen in den Köpfen festsetzen können. Auf vergleichbar zwiespältige Erfahrungen, so Said, können eigentlich nur die Palästinenser verweisen, die noch immer auf ihre Eigenstaatlichkeit warteten.

Um zu ermessen, wie tragfähig der Vergleich zwischen Algerien und Palästina Said in letzter Konsequenz erschien, müssen auch seine Ausflüge in die Politik berücksichtigt werden. Er übersetzte seine Konsternierung über den Verlauf des Sechstagekriegs nicht nur in eine intellektuelle Agenda, sie wurde ihm ebenso zum Anstoß für sein politisches Engagement bei der Palestine Liberation Organization (PLO), da sich die geschlagenen arabischen Staaten als Sachwalter palästinensischer Interessen disqualifiziert hatten: Der Ausgang des Krieges bescherte den Palästinensern ein israelisches Besatzungsregime im Westjordanland, auf dem Gazastreifen, den Golanhöhen und in Ostjerusalem. Als Jassir Arafat, überzeugt, dass die Palästinenser den – auch terroristischen – Widerstand dagegen mehr denn je selbst in die Hand nehmen müssten, im Herbst 1974 erstmals zur Vollversammlung der Vereinten Nationen sprach und vom Präsidenten der Vollversammlung, dem Algerier Abd al-Aziz Bouteflika, als »Oberkommandierender der palästinensischen Revolution« vorgestellt wurde, ging ihm Said bei der Abfassung der

Rede zur Hand. Von Said stammt der berühmte Schlusssatz: »Lassen Sie nicht zu, dass der Olivenzweig aus meiner Hand fällt.«[18]

Es war eine nur bedingt friedfertige Botschaft, da Arafat zu verstehen gab, dass er in seiner anderen Hand die »Waffe eines Freiheitskämpfers« hielt, wie er drohend verlautbarte. Kurze Zeit später wurde Said in den Palästinensischen Nationalrat gewählt, eine Art Exilparlament, das im November 1988 in Algier die – bis heute weitgehend symbolische – palästinensische Unabhängigkeit ausrief. Zum Akademiker hatte sich der Politiker gesellt, oder wie die *New York Times* im Februar 1980 titelte: *Edward Said: Bright Star of English Lit and P. L. O.* Die Unterhandlungen, die den Weg zum Osloer Abkommen zwischen der PLO und Israel ebneten, begleitete und kommentierte Said mit wachsender Verbitterung. Er sah keine Anhaltspunkte für einen echten Ausgleich zwischen den Verhandlungspartnern, sondern argwöhnte, dass sich die Palästinenser von den USA und Israel über den Tisch ziehen ließen, unilaterale Zugeständnisse machten und im Gegenzug mit Leerformeln abgespeist wurden. Dass ein Palästinenserstaat so wenig greifbar war wie zuvor und weiterhin ausschließlich auf dem Papier existierte, während die Besatzung im Westjordanland und Gaza andauerte, kam für ihn einem »palästinensischen Versailles« gleich.[19]

Der israelische Siedlungsbau in den besetzten Gebieten werde unvermindert voranschreiten, prophezeite Said und behielt damit Recht. In den Rängen der PLO wurde Saids publizistisches Störfeuer als mangelnde Loyalität empfunden, wobei man sich spöttische Kommentare nicht verkneifen wollte. Von einem Journalisten nach Saids Zurückweisung des Osloer Abkommens befragt, soll ein Sprecher der PLO erwidert haben, dass der politische Standpunkt dieses Literaturprofessors ähnlich ins Gewicht falle wie die Impressionen, die Arafat von einer Shakespeare-Aufführung mit nach Hause nehme.[20] Die Enttäuschung saß bei Said so tief, dass er sich von einer Zweistaatenlösung abwendete, die seiner Einschätzung nach die Palästinenser zu einem elendigen Dasein in einem Bantustan verdammen würde, und sich fortan für einen binationalen, säkularen Staat einsetzte.

Für seine politischen Schriften und seine Rolle als Anwalt palästinensischer Interessen wurde Said immer wieder an den Pranger gestellt. Dass er

18 Timothy Brennan, *Places of Mind. A Life of Edward Said*. New York: Farrar, Straus & Giroux 2021.

19 Edward Said, *The Morning After*. In: *London Review of Books* vom 21. Oktober 1993 (www.lrb.co.uk/the-paper/v15/n20/edward-said/the-morning-after).

20 Tariq Ali, *Remembering Edward Said* (1935–2003). In: *New Left Review*, Nr. 24, November/Dezember 2003.

kaum einer Kontroverse aus dem Weg ging und sich zu Kurzschlussreaktionen hinreißen ließ, tat ein Übriges. Im Juli 2000 ließ sich Said an der Grenze zwischen Libanon und Israel dabei ablichten, wie er einen Stein in Richtung eines israelischen Wachpostens warf. Was als für die Kamera inszenierte Provokation gedacht war, wirkte vor dem Hintergrund der wenige Monate später beginnenden Zweiten Intifada wie eine deplatzierte Apologie antiisraelischer Gewalt. Und während militante Palästinenser ihm verübelten, dass er dem bewaffneten Kampf abgeschworen zu haben schien, beschimpfte die rechtsextreme Jewish Defense League Said als Nazi. Sein Büro an der Columbia University wurde in Brand gesetzt.

Nachhaltig in Misskredit brachte ihn 1989 ein untergriffiger Essay in der konservativen jüdisch-amerikanischen Zeitschrift *Commentary*, in der Said als »Professor des Terrors« bezeichnet wurde, weil er die Tötung von Arabern rechtfertigte, die während der Ersten Intifada in den Verdacht geraten waren, mit Israelis in den besetzten Gebieten »kollaboriert« zu haben. Dieses Stigma, das Said bis zu seinem Tod nicht mehr loswurde, haftet ihm noch in seinem Nachleben an. Said war kein prinzipieller Gegner des »bewaffneten Widerstands«, aber er traute den ständigen Beschwörungen des algerischen Unabhängigkeitskampfs innerhalb der Palästinenserbewegung nicht über den Weg. All die Losungen vom revolutionären Volkskrieg wie in Algerien führten die PLO in eine Sackgasse, in der politische Aussichtlosigkeit durch einen waffenstarrenden Militärfetisch kompensiert werde, schrieb Said 1986 in *After the Last Sky*. Der ägyptischen Zeitung *Al-Arabi* gab er im Januar 1995 zu Protokoll, dass sich das Paradigma der Befreiungskriege der Dekolonisationsära für den Konflikt zwischen Israelis und Palästinensern als untauglich erwiesen habe. Was in Nablus, Gaza, Hebron oder Ramallah vor sich gehe, unterliege anderen »Bedingungen als der algerische Befreiungskampf«.[21] Palästina, so stellte sich heraus, war eben doch kein Algerien, und gewaltloser Protest gepaart mit diplomatischen Bemühungen daher die vielversprechendere Strategie. »Als Palästinenser, der Verluste und Entbehrungen erlitten hat«, so Said, »kann ich moralisch nicht akzeptieren, dass ich meine Rechte um den Preis von Entbehrungen für ein anderes Volk wiedererlange«. Said löste die Verflechtung zwischen Algerien und Palästina auf, die ein Resultat der nahöstlichen Politik der 1950er und 1960er Jahre war.

Teil II im nächsten Heft

21 Wiederabdruck in: Edward Said, *Peace and Its Discontents. Essays on Palestine in the Middle East Peace Process*. New York: Vintage Books 1996.

Christian Geulen

Gesellschaft im Rohzustand

Der Populismus aus Sicht der Massentheorie

Glaubt man aktuellen Zeitdiagnosen, ist das Zeitalter der Massen, wie es am Ende des 19. Jahrhunderts ausgerufen und bis ins späte 20. Jahrhundert vielfach beschrieben wurde, vorüber. An die Stelle der »Masse« sind andere Konzepte des ungeordnet Kollektiven getreten: Netzwerke, *multitudes*, Bewegungen, 99 Prozent, die Abgehängten, empörte Bürger, gelbe Westen oder schlicht das Volk. Mit der Masse gemein haben diese Kollektive ihre faktische Disparatheit und ihre Weigerung, kategorisierbarer Teil der gesellschaftlichen Ordnung zu sein, also etwa eine bestimmte Schicht oder eine bestimmte Klasse zu repräsentieren. Was sie aber von der bloßen Masse unterscheidet, ist ihr dennoch und umso lauter artikulierter Anspruch auf Teilhabe und Besonderheit.

Laut Andreas Reckwitz leben wir sogar im genauen Gegenteil einer Massengesellschaft, in einer Gesellschaft der Singularitäten: immer auf der verzweifelten Suche nach dem individuell wie kollektiv Authentischen und Besonderen. Dafür spielen nicht zuletzt die neuen Medien eine Rolle, von denen wir aber auch, trotz Millionen von Nutzern, im digitalen Zeitalter nur noch bedingt als Massenmedien sprechen wollen. Und auch politisch ist die Masse zumindest hierzulande kaum mehr ein Grundbegriff, im linken Spektrum schon lange nicht mehr, und im rechten hat man stattdessen den Volksbegriff für sich entdeckt.[1] Von Massen scheint heute allein dort die Rede zu sein, wo sie konkret und als Betroffene auftreten: in Krisen, Kriegen, bei Unglücken, Natur- oder Hungerkatastrophen.

Dennoch wurde das Ende des Zeitalters der Massen bislang von niemandem explizit deklariert. Dafür sind uns die Massenphänomene des 20. Jahrhunderts doch noch zu nah und vertraut. Massenkultur, Massentourismus, Massenmedien, Massenveranstaltungen, Massenproteste, Massenbeeinflussung – all das ist keineswegs verschwunden. Die perfekt auf mein Nutzer-

1 Die interessantesten intellektuellen Weiterentwicklungen des Massenkonzepts gibt es heute dort, wo der Begriff, in Anlehnung an die Kritische Theorie oder auch in Abgrenzung von ihr, an den Begriff der Kultur gekoppelt wird. Vgl. etwa Michael Makropoulos, *Theorie der Massenkultur*. München: Fink 2008. Dieser Traditionsstrang wird hier aber nicht berücksichtigt, insofern »Masse« als soziale Form hier kaum mehr bestimmend ist und man ebenso von Kulturindustrie oder Populärkultur sprechen kann.

profil abgestimmte individuelle Werbung ist in ihrer millionenfachen Ausführung immer noch Massenwerbung, doch nehmen wir sie als solche nicht mehr wahr. Demonstrationen für oder gegen Einwanderung sind immer noch Massenveranstaltungen, doch fällt es uns schwer, in ihnen die Massenseele oder auch nur die Masse als handelndes Subjekt wahrzunehmen, wenn wir zugleich wissen, dass sich ihre eigentliche Wirkungsmacht erst im medialen Resonanzraum entfaltet. Mit anderen Worten: Es gibt die Massen noch. Doch scheinen sie in einen Zustand der Latenz zurückgefallen zu sein.

Das aber wiederum ist, historisch gesehen, nichts Neues. Die Masse war immer schon ein Begriff des Latenten, des nur Möglichen und Optativen, wie es Reinhart Koselleck einmal ausgedrückt hat. Etymologisch leitet sich der Begriff vom griechischen und lateinischen Wort für Brotteig her, einer Masse also, die immer erst noch in Form gebracht und ausgebacken werden muss. Es ist gerade die Ungeformtheit der Masse, die immer schon auf ihr Potential, auf die *Möglichkeit* von Formung und Ordnung verweist. In diesem Sinn ließe sich die Masse vielleicht am einfachsten als Gesellschaft im Rohzustand beschreiben; als Untergrund, aus dem eine gesellschaftliche und politische Ordnung der Vielen erwächst, auf dem sie auch nach ihrer Errichtung ruht und der in Krisenzeiten wieder hervorbrechen kann.

Ebenso scheinen viele Formen des heutigen Populismus auf ein eben solches Aufbrechen des rohen, ungeformten Untergrunds unserer gesellschaftlichen und politischen Ordnung zu warten und zu setzen. Wenn kleine Grüppchen »Wir sind das Volk« skandieren, wenn etwas größere eine ordnungsgemäße Wahl zum Betrug erklären und es schaffen, zumindest für einen Tag die parlamentarischen Institutionen einer Supermacht lahmzulegen, oder wenn eine rechtsextreme Partei in Deutschland mit der Frage für sich wirbt, wann denn auch »bei uns« die Macht vom Volk ausgehe – dann rekurrieren diese Strategien keineswegs auf das sogenannte einfache Volk oder angeblich benachteiligte und abgehängte Schichten unseres demokratischen Gemeinwesens, sondern sie beziehen sich auf etwas weit vor, diesseits und unterhalb der demokratischen Gesellschaft, wie sie ist. Woran der Populismus appelliert und was er erwecken, hervorbringen, ermächtigen will, ist nicht ein bestimmter Teil unserer Demokratie, sondern ihr mystischer Untergrund, ihre basale und heilige Legitimationsquelle, der Wille und die Stimme dessen, was er Volk nennt, aber weder mit dem politisch verfassten Volk noch mit dem Volk in der Verfassung identisch ist. Es geht den populistischen Denkweisen um das Volk im vorinstitutionellen Rohzustand, es geht um die zu entfesselnde und zu ermächtigende Kraft des Untergrunds, von der die meisten Populisten tatsächlich glauben, sie könnte eine ganz neue und »wahre« Demokratie hervorbringen.

Die Masse als Rohstoff und Bedrohung: Das 19. Jahrhundert

Die Vorstellung einer Gesellschaft im Rohzustand ihrer institutionellen Ordnung begleitet die moderne Gesellschaft seit ihrer geschichtlichen Herausbildung. Als der Absolutismus begann, seine Herrschaftssubjekte nicht mehr nur als ständisch geordnete Untertanen, sondern als lebende, arbeitende, produzierende und sich reproduzierende Körper, mithin als Bevölkerung wahrzunehmen, die es als den wahren Rohstoff der eigenen Macht zu pflegen und zu nutzen galt, entstand zum ersten Mal die Vorstellung eines solchen Untergrunds der Gesellschaft, den zu entdecken, zu vermessen und in seiner Produktivität zu kontrollieren Aufgabe der frühmodernen Regierungspraktiken war. Wie Foucault, Koselleck und andere gezeigt haben, erzeugte der Absolutismus damit aber zugleich die Denkmöglichkeit einer Gesellschaft jenseits ihrer ständischen Gliederung: die Denkmöglichkeit einer homogenen Gemeinschaft der Beherrschten, die sich dann als »Volk« oder »Nation« auch politisch zu Wort meldete, um sich schließlich in den bürgerlichen Revolutionen zum neuen Souverän zu erklären.[2]

Auch in der weiteren und erst allmählichen Durchsetzung demokratischer Prinzipien gegen die restaurativen Bemühungen der alten Eliten spielte der Verweis auf jene unterste und tragende Schicht der Bevölkerung, des »gemeinen Volkes« oder eben auch der »breiten Masse« immer wieder eine Rolle. Vor allem dort, wo es zu revolutionären Ereignissen und Kämpfen kam, stand die unstrukturierte und ungeordnete, nicht wirklich identifizierbare Masse des Pöbels real wie symbolisch für die chaotische Seite des revolutionären Umbruchs, die einzuhegen und wieder in Ordnung zu überführen im Interesse der alten wie der neuen Eliten lag.

Im Deutschen wurde der Begriff der Masse in diesem Sinn geläufig, als Friedrich von Gentz den von Edmund Burke in seinen *Reflections on the Revolution in France* gebrauchten Begriff der »crowd« als »Masse« übersetzte.[3] Von hier aus verbreitete er sich rasch vor allem bei denjenigen, die am Beginn des 19. Jahrhunderts mit größter Sorge das Anwachsen jener neuen Massen beobachteten, die von der Industrialisierung hervorgebracht wurden. Selbst wohlmeinende liberale Sozialreformer wie Robert von Mohl

2 Vgl. Michel Foucault, *Die Ordnung der Dinge. Eine Archäologie der Humanwissenschaften* [1966]. Aus dem Französischen von Ulrich Köppen. Frankfurt: Suhrkamp 1974; Reinhart Koselleck, *Kritik und Krise. Eine Studie zur Pathogenese der bürgerlichen Welt* [1959]. Frankfurt: Suhrkamp 1973.

3 Vgl. Edmund Burke, *Betrachtungen über die Französische Revolution*. Übersetzt, kommentiert und eingeleitet von Friedrich von Gentz. Berlin: Friedrich Vieweg 1793.

beschrieben diese Massen unter Rückgriff auf die Sprache der Ethnografen wie fremde Stämme im tiefsten Innern der eigenen bürgerlichen Gesellschaftsordnung. Und gerade sie warnten vor der Möglichkeit, dass diese Masse eines Tages von unten aus- und hervorbrechen könnte. Wie ein roter Faden zieht sich diese Sorge durch die bürgerliche Gesellschaftsbeobachtung des 19. Jahrhunderts, als Ausdruck der tiefsitzenden Angst davor, die Gesellschaft in ihrem Rohzustand erblicken zu müssen.[4]

Bereits 1840 hat Edgar Allan Poe wohl als Erster diese Massen zu einer Figur des »Massenmenschen« gebündelt: In seiner Kurzgeschichte *The Man of the Crowd* sitzt der sozialethnografisch geschulte Erzähler an einem sonnigen Vormittag auf einem Londoner Platz und vertreibt sich die Zeit damit, die Menschen und Gruppen, die er sieht, ihren jeweiligen Klassen, Schichten, Ständen, Religionen und Rassen zuzuordnen; was ihm auch nicht schwerfällt, bis ein Mann auftaucht, den er nicht verorten kann. Um sein Geheimnis zu lüften, beschließt der Erzähler, diesem Mann zu folgen. Die Reise führt ihn quer durch London von einem Platz zum nächsten, immer dorthin, wo viele Leute sind. Und selbst in der Nacht zieht es den Fremden ins Verbrecherviertel am Hafen, in die Kneipen und Bordelle, die bis morgens geöffnet haben. Am nächsten Vormittag endet die Jagd wieder dort, wo sie begann, und der Erzähler gibt auf: »This old man [...] refuses to be alone. He is the man of the crowd. It will be in vein to follow; for I shall learn no more of him [...] and perhaps it is but one of the great mercies of God that *er lässt sich nicht lesen.*«[5]

Die hier auf Deutsch formulierte Nichtlesbarkeit des Massenmenschen hatte keineswegs nur bei Poe eine unheimliche Seite. Wie phantasmatisch der Blick auf die Massen werden konnte, zeigt sich nicht zuletzt in den Revolutionsberichten dieser Zeit, also dort, wo die Masse sichtbar in Aktion trat. Victor Hugo etwa, Zeuge der ersten Barrikadenkämpfe im Juni 1848 in Paris, beschrieb eine ganz besondere und ihn offenbar tief schockierende Form des Handelns aus der Masse heraus in folgender Weise: »In diesem Augenblick erschien eine Frau ganz oben auf der Barrikade, eine junge Frau, schön, mit aufgelöstem Haar, furchterregend. Diese Frau, eine öffentlich bekannte Hure, hob ihren Rock bis zur Hüfte und schrie in dieser schreck-

4 Robert von Mohl, *Ueber die Nachtheile, welche sowohl den Arbeitern selbst, als dem Wohlstande und der Sicherheit der gesammten bürgerlichen Gesellschaft von dem fabrikmäßigen Betriebe der Industrie zugehen, und über die Nothwendigkeit gründlicher Vorbeugungsmittel*. Tübingen 1835.

5 Edgar Allan Poe, *The Man of the Crowd* [1840]. In: *The Collected Tales and Poems of Edgar Allan Poe*. New York: Modern Library 1992.

lichen Bordellsprache, die man immer erst übersetzen muss, zu den Gardisten hinunter: ›Feiglinge! Feuert, wenn ihr es wagt, auf den Schoß einer Frau!‹ […] Die Nationalgarde zögerte nicht. Unter der Gewehrsalve brach das unglückliche Geschöpf zusammen.«[6]

Hugo schließt diesen Bericht mit folgender Feststellung: »Es ist eine abscheuliche Sache, dieser Heroismus der Verworfenheit, der alles hervorbrechen lässt, was die Schwäche an Stärke im Innersten birgt.« Dieses Hervorbrechen einer Stärke aus der absoluten Schwäche ist ein Motiv, das sich in Berichten über die sozialen Revolten in Europa zwischen 1789 und 1918 immer wieder finden lässt: meist als schockierend beschriebene Momente einer Verzweiflungsgewalt der Wehrlosen gegen die Bewaffneten in den radikal asymmetrischen Klassenkämpfen des 19. Jahrhunderts. Der einzig andere und ähnlich asymmetrische Kontext, aus dem es Berichte über solche Formen der Verzweiflungsgewalt gibt, sind die Kolonialkriege und die Niederschlagungen antikolonialer Aufstände – was wohl mit ein Grund dafür ist, dass sich fast jede Schrift zur Massenpsychologie seit dem späten 19. Jahrhundert mit Blick auf den primitiven, wilden, ungezähmten und tierhaften Charakter der Masse bewusst oder unbewusst einer kolonialen Metaphorik bediente.

Das Besondere an Hugos Bericht aber ist die Tatsache, dass sich hier jenes Hervorbrechen einer Stärke aus dem Innersten der Schwäche nicht nur als Verzweiflungstat vollzieht, sondern auch symbolisch inszeniert wird. Das Hochheben der Röcke, das öffentliche Zeigen der weiblichen Genitalien und die provokative Aufforderung, darauf zu schießen – jede dieser Gesten verweist symbolisch auf die Transformation von Schwäche in Stärke, von Natur in Politik, von Sexualität in Macht. Und in der Tat empört sich Hugo in seinem Bericht vor allem über diese sexuelle Symbolik, die er den »Heroismus der Verworfenheit« nennt, nicht aber über die menschenverachtende Gewalt, mit der die Gardisten auf sie reagieren.

Dennoch zeigt sich hier nicht allein die phantasmatische Struktur dessen, was Neil Hertz »männliche Hysterie unter politischem Druck« nennt. Vielmehr scheint das symbolische Handeln der Frau in diesem Bericht seinerseits symbolisch für das zu einzustehen, was Hugo und vielen seiner Zeitgenossen jenseits ihrer individuellen Hysterien am meisten Angst machte: die Möglichkeit, dass durch die Risse der gesellschaftlich-politischen Ordnung

6 Zit. n. Neil Hertz, *Das Haupt der Medusa: Männliche Hysterie unter politischem Druck*. In: Ders., *Das Ende des Weges. Die Psychoanalyse und das Erhabene.* [1985]. Frankfurt: Suhrkamp 2001.

tatsächlich die naturhafte, chaotische und ungehemmte Macht der Masse hervorbrechen könnte.[7]

Vom Sozialismus wurde diese Angst dann auch explizit geschürt, indem bereits Marx und Engels die werktätigen und später Lenin explizit die verelendeten Massen zum eigentlichen revolutionären Akteur erklärten. Dass diese Massen aber immer schon als ein faktischer Untergrund existierten, auf dem die Gesellschaft aufruhte – das war eine durch alle Lager geteilte Konsensvorstellung, die sich erst zu verändern begann, als zu Beginn des 20. Jahrhunderts Soziologen und Psychologen die ersten systematischen Massentheorien entwickelten.

Die Masse als Ressource und Gefahr: Das 20. Jahrhundert

Wollte man die Massen im 19. Jahrhundert am liebsten unsichtbar halten, wurden sie an der Wende zum 20. Jahrhundert als ein nicht wegzudenkender Teil der modernen Gesellschaft betrachtet, dessen eigentliches Wesen und soziale Funktion es zu ergründen galt. Die Prinzipien, nach denen die Massen angeblich handelten – Trieb- und Instinkthaftigkeit, Emotionalität, Irrationalität, Gewaltsamkeit, Affektivität etc. –, bildeten nun, unter den Bedingungen modern-demokratischer Gesellschaftsordnungen, nicht mehr nur den heimlichen und bisweilen hervorbrechenden Untergrund dieser Ordnungen, sondern waren in den kollektiven Institutionen dieser Gesellschaft selber am Werke. Und je mehr diese Prinzipien in ihrer Funktionsweise erkannt wurden, desto eher bestand die Chance zu ihrer politischen Nutzung und zur aktiven Gestaltung dessen, was ab den späten 1920er Jahren dann übergreifend die »Massengesellschaft« genannt wurde.

Selbst Gustave Le Bon, der einen besonders apokalyptischen Ton anschlug, schrieb seinem Buch *Psychologie der Massen* (1895) dennoch eine politikberatende Funktion zu und nannte seine Beobachtungen »das letzte Hilfsmittel für jeden Staatsmann, der von den kommenden Massen zumindest nicht allzu sehr beherrscht werden will«. Auch bezeichnete er das Zeit-

7 Vgl. hierzu auch die rückblickende Beobachtung Eric Voegelins: »In einem halben Jahrhundert drängen sich der Sturz des Adels, der Sieg des Dritten Standes und die Bedrohung des dritten durch den anschwellenden vierten zusammen in einer so heftigen Bewegtheit des gesellschaftlichen Geschehens, zu einem so starken Eindruck von der Unsicherheit aller tradierten, für fest gehaltenen Formen, dass der gesamte Bereich der nationalen und ständischen Geist- und Lebensformen gleichsam transparent wird und seine massive Unterlage, die Herrschaft und ihre Machtfundierung nackt durchscheinen.« (*Rasse und Staat*. Tübingen: Mohr Siebeck 1933).

alter der Massen nicht nur als eine historische Verfallserscheinung, sondern ebenso als eine »Rückkehr zu jenen Zeiten verworrener Anarchie, die stets dem Aufblühen einer neuen Gesellschaft voranzugehen scheinen«. Sein Buch war damit, trotz aller pseudoaristokratischen Kulturkritik, einer der ersten Versuche, die Merkmale und Eigenschaften der modernen Massen als Material und Werkzeug für die Errichtung neuer Gesellschaftsordnungen zu denken.

Was Le Bon »Massenseele« nannte und als eine psychische Konstellation auffasste, die sich erst mit der Bildung einer Masse als das genaue Gegenteil des normalen, individuellen Bewusstseins herausbildete, erregte kurz nach dem Ersten Weltkrieg den Widerspruch Sigmund Freuds, der genau umgekehrt nach den individualpsychischen Mechanismen der Massenbildung fragte. Das war aber auch der einzige Punkt, in dem er von Le Bon abwich, dessen Charakterisierungen der Masse er ansonsten unhinterfragt übernahm.

Beide, Le Bon und Freud, waren dann Grundlage für den vielleicht ersten expliziten Versuch, nicht mehr nur nach dem Charakter der Masse und den Prinzipien der Massenbildung, sondern nach den konkreten Techniken der Beeinflussung und Manipulation der Massen zu fragen: 1928 publizierte der in den USA lebende Neffe Sigmund Freuds, Edward Bernays, ein Buch, das nach dem Zweiten Weltkrieg in neuer Auflage unter dem Titel *Public Relations* erschien und ein bis heute gelesener Klassiker des ökonomischen Marketing wurde, ursprünglich aber den Klartitel *Propaganda* trug. Gleich einleitend knüpfte Bernays hier die Notwendigkeit der Massenbeeinflussung an das Thema der Demokratie: »Die bewusste und zielgerichtete Manipulation der Verhaltensweisen und Einstellungen der Massen ist ein wesentlicher Bestandteil demokratischer Gesellschaften. Doch das ist nicht überraschend, dieser Zustand ist nur eine logische Folge der Struktur unserer Demokratie: Wenn viele Menschen möglichst reibungslos in einer Gesellschaft zusammenleben sollen, sind Steuerungsprozesse dieser Art unumgänglich [...] Weil dem so ist, haben wir uns freiwillig darauf geeinigt, dass unsichtbare Gremien sämtliche Daten filtern, uns nur noch die wesentlichen Themen präsentieren und damit die Wahlmöglichkeiten auf ein verdauliches Maß reduzieren.«[8]

Allerdings müsse sich laut Bernays auch der kluge, Filterblasen schaffende Propagandist darüber klar sein, dass die Massen nie nur nach rationalen Kriterien denken und entscheiden, sondern überwiegend in einer Logik,

8 Edward Bernays, *Propaganda. Die Kunst der Public Relations* [1928]. Aus dem Englischen von Patrick Schnur. Berlin: orange-press 2007.

die ihnen gar nicht bewusst ist. Und genau da müsse Propaganda ansetzen. Die Massen, so Bernays Hauptargument, die in der modernen Demokratie formal die Macht besitzen, würden, allein gelassen, diese Demokratie ins Chaos stürzen. Daher »muss unsere Demokratie von einer intelligenten Minderheit geführt werden, die weiß, wie man die Massen leitet und lenkt [...] Nennen Sie es ›Regieren durch Bildung und Erziehung‹, wenn Ihnen das besser gefällt. Aber es muss doch fachmännische Propaganda sein.«

Einer der ersten Staatsmänner, die sich das zu Herzen nahmen, war Joseph Goebbels.[9] Obgleich die Strukturäquivalenz zwischen seiner Propaganda und Bernays' Konzepten deutlich ist, lag zwischen beiden auch ein grundlegender, nämlich ideologischer Unterschied. Denn im Gegensatz zu Goebbels interessierte sich Bernays für die konkreten Massen selber kaum. Ihren Geisteszustand und ihre Verhaltensweisen sah er bei Le Bon und Freud zur Genüge beschrieben. Er wollte nur wissen, wie man ihre Gedanken und Meinungen manipuliert und steuert. Für Goebbels dagegen und für den Nationalsozialismus generell mussten die Massen, trotz aller Führung, Verführung und Manipulation, immer noch als *Handlungssubjekt* gedacht werden. Das rassistisch-biopolitische und zugleich revolutionäre Selbstbild des Nationalsozialismus bedurfte der Massen wieder als jenes untergründigen Rohzustands, aus dem eine neue Gemeinschaft, ein neues Volk und ein neuer Mensch zu formen waren. Daraus erklärt sich die widersprüchliche Weise, in der NS-Größen über die Masse sprachen: Mit Blick auf die Weimarer Zeit, auf die Revolution von 1918 oder auch auf die Massen in den von ihnen eingerichteten Lagern nannten sie diese ekelerregend, widerlich, ungehobelt oder einen flutenden Menschenbrei – als Rohmasse aber, aus der sich die wahre Volksgemeinschaft bilden werde, waren ihnen die Massen herrliche, geschichtstreibende Mächte und geradezu heilig in ihrer naturhaften Unfehlbarkeit.[10]

Das genaue Gegenmodell zu Le Bons, Freuds und schließlich auch Bernays' Theorien (und Goebbels Praktiken) einer geführten Masse lieferte 1927 Siegfried Kracauer in seinem Essay *Das Ornament der Masse*. Versinnbildlicht an den Choreografien der Tiller Girls sah Kracauer im Ornament, in den ewig wiederkehrenden, so wilden wie zugleich präzisen Linien und Mustern bewegter wie unbewegter Populärkultur, eine ungelenkte Form der

9 Vgl. Kerrie Milburn, *Bernays and Goebbels: »the strange case of Dr Jekyll and Mr Hyde«*. In: *Corporate Communications*, Nr. 29/1, Januar 2024.

10 Am beeindruckendsten wurden diese inneren Antinomien des faschistischen Denkens entfaltet von Klaus Theweleit, *Männerphantasien*. 2 Bde. Frankfurt: Stroemfeld 1977/78.

Selbstorganisation der Masse. Im Ornament realisiert und beobachtet sich die Masse selbst, so dass das scheinbar Oberflächliche der Massenkultur zum »tabellarischen« Ausdruck ihres eigenen Fundaments wird. Wie Kracauers spätere Arbeiten zur NS-Propaganda zeigen, hatte sich die Masse damit keineswegs von ihrer Lenkbarkeit völlig emanzipiert, doch funktioniert diese (und das gilt wohl für das gesamte 20. Jahrhundert) nicht mehr nach Determinierungslogiken oder gar nach einer Befehls- und Gehorsamsformel, sondern setzte an den inneren Funktions- und Reproduktionsformen der Massen selber an, die sich ja auch und gerade im Nationalsozialismus nie als gelenkt, sondern eher als erkannt und befreit wahrnahmen.

Aus einer etwas anderen Perspektive brachte Walter Benjamin 1934 das prinzipielle Verhältnis des Nationalsozialismus zur Masse auf einen ähnlichen Punkt: »Die Massen nicht zu ihrem Recht, aber zu ihrem Ausdruck kommen lassen.« Das lässt sich auch in den anderen Faschismen Europas, im Stalinismus und sogar, wie Wolfgang Schivelbusch und andere gezeigt haben, in Franklin D. Roosevelts Politik des New Deal beobachten. Die Massen zu einem Objekt ihrer Führung und Lenkung dadurch zu machen, dass man sie zum imaginären Handlungssubjekt der staatlich-gesellschaftlichen Erneuerung erklärte, in diesem Sinn also eine verordnete Selbstermächtigung der Massen und ein Aktivismus von oben – eben das scheint übergreifend ihren Status in der Zwischenkriegszeit auszumachen.

Wer das bereits 1929 bemerkte und beschrieb, war José Ortega y Gasset. Sein schon 1931 ins Deutsche übersetztes Buch *Der Aufstand der Massen* gilt heute oft als Prototyp jener aristokratisch-elitären Kulturkritik an der modernen Massengesellschaft, die im Wesentlichen einem reaktionären Konservatismus das Wort redet. Dabei unterschied sich Ortega von allen vorangegangenen und auch einigen nachfolgenden Massentheoretikern gerade dadurch, dass er die Massen in der ihnen politisch zugewiesenen Funktion eines Handlungssubjekts ernst nahm und sie eben nicht als dumpfe Herde oder Horde betrachtete.

Ortega entdeckte an ihnen gerade kein instinkthaft-tierisches, determiniertes und deshalb lenkbares Handeln, sondern im Gegenteil ein Handeln, das jenseits aller Determinanten nur noch die direkte Aktion kannte; ein Handeln in der absoluten Überzeugung von der grenzenlosen Machbarkeit der Welt, vom Hass auf alles, was nicht dazugehört, von der Totalbefreiung aus sämtlichen Gesetzen, Regeln und Normen, von der Zerschlagung aller Institutionen, vom notwendigen Vergessen der Vergangenheit, von der Irrelevanz rationaler Begründungen und von der Naturnotwendigkeit der eigenen Selbstermächtigung. Das hat zwei Jahrzehnte später Hannah Arendt den Kern totalitärer Logik genannt: die radikale Loslösung und Befreiung des Handelns von jeglicher Erfahrung; ein Handeln, das sich für Arendt nur als Terror und für Ortega nur als Barbarei manifestieren kann. Wobei Ortega Barbarei eben nicht als Rückfall ins Kulturlose betrachtete, sondern schlicht definierte als »die Abwesenheit von Berufungsinstanzen«.

Wer Techniken zur Hand hat, diesen Massen auch nur halbwegs eine bestimmte Richtung zu weisen, so Ortega, habe ein Instrument der Weltzerstörung zur Hand. In den faschistischen Bewegungen seiner Zeit sah er genau solche Versuche, die Massen, ohne ihnen etwas von ihrer Eigendynamik zu nehmen und ohne ihnen ein konkretes Ziel zu setzen, gegen willkürliche gewählte Feinde auszurichten. Entsprechend radikal und zugleich vorausweisend war das von ihm vorgeschlagene Gegenmittel: nämlich auf die durch die Masse längst verratene nationale Ordnung der Völker zu verzichten und sie durch einen europäischen Staat zu ersetzen, dessen innere Vielfalt und Interessengegensätze ihn gegen massenhomogenisierende Ideologien und damit auch gegen den »Aufstand der Massen« schütze.[11]

Die Massen nach 1945

In Deutschland wurde Ortegas Buch nach dem Krieg ein Beststeller, blieb vom akademischen Publikum aber weitgehend unbeachtet. Dessen Interesse galt zunehmend weniger dem Phänomen der aus dem Untergrund der Gesellschaft hervorbrechenden Massen als vielmehr dem der postindustriellen Massengesellschaft. Die hatte mit ungeordneten Rohzuständen, die erst noch zu formen wären, nichts mehr zu tun, sondern galt als ein soziologisch präzise beschreibbarer, gesellschaftlich-ideologischer Strukturzusammenhang.[12] Bei David Riesman, dessen *Einsame Masse* 1956 auf Deutsch erschien, war sie eine Gesellschaft, die über ein Höchstmaß an kollektiver Nivellierung, Annäherung und Angleichung funktioniert, ohne aber die Geborgenheit und Bindekraft einer Gemeinschaft zu erzeugen. Die Kritische Theorie Adornos und Horkheimers wiederum versuchte, die Dialektik zu

11 Ortega y Gasset, *Der Aufstand der Massen* [1929]. Stuttgart: DVA 1931.

12 Unter den Klassikern der Massentheorie müsste an dieser Stelle eigentlich noch Elias Canettis *Masse und Macht* von 1960 behandelt werden. Doch fällt er aus der hier ins Auge gefassten Reihung deutlich heraus. Was ihn interessierte, war weniger die Masse als soziale Erscheinung, sondern eher als psychologisches Erlebnis und anthropologische Struktur. Auch wenn sein Buch deutlich von der Faschismuserfahrung geprägt war, gehört es in seiner Art, das Thema zu entfalten, eher ins 19. als ins 20. Jahrhundert. Eben das erklärt vielleicht seinen Erfolg, doch blieb dieses philosophische Werk eines Schriftstellers – wohl durchaus absichtlich – dem dominanten Massendiskurs des 20. Jahrhunderts eigenartig fern.

beschreiben, in der, etwa im Kontext der Kulturindustrie, aufklärerische Vernunft und rationale Verwaltung eine trotz aller Individualisierung massenhaft gleichartige und massenhaft gleichmachende Akzeptanz des Bestehenden erzeugten.[13] Zeitgleich wurden weitere soziologische Modelle entwickelt, um zu erklären, auf welche Weise die moderne Gesellschaft selber ihre eigene Massenstruktur hervorbringt.[14]

Jene älteren Massen, deren Auftritt bis zur Mitte des 20. Jahrhunderts als untrügliches Zeichen eines massiven Umbruchs gegolten hatten, gerieten hingegen weitgehend aus dem Blick. Auch die Massen, wie sie Ende der 1960er, Anfang der 1970er Jahre aus studentischen Subkulturen hervorgingen und zum ersten Mal seit 1945 die Straßen füllten, bedienten sich zwar bisweilen provokativ der sozialistischen Massenrhetorik, konnten sich aber in ihrer dezidierten Theorieorientierung und utopischen Ausrichtung weder selber als hervorbrechende Masse beschreiben, noch wurden sie von der Mehrheitsgesellschaft (jenseits der Stammtische) so beschrieben. Vielmehr bemühte sich die Soziologie rasch, sie mal kritisch, mal affirmativ als eben jene »neuen sozialen Bewegungen« zu beschreiben, als die sie dann auch in die Geschichte eingingen. Soziale Bewegungen bemühen sich zwar stets, die Massen auf ihre Seite zu ziehen und in Bewegung zu bringen, sind aber selten mit ihnen identisch.

Ähnliches gilt für die Friedens- und Umweltbewegungen der achtziger Jahre, die noch einmal wesentlich mehr Menschen mobilisierten als die Achtundsechziger. Bei bestimmten Konflikten, wie in Brokdorf oder an der Startbahn West, kam es sogar zu Szenen, die zumindest von Ferne an die Barrikadenkämpfe des 19. Jahrhunderts erinnerten. Der öffentliche Diskurs um solche Ereignisse machte aber deutlich, dass es auch hier um die Austragung von Interessenkonflikten ging und nicht um einen die gesellschaftliche und politische Ordnung selber gefährdenden oder auch nur infrage stellenden Massenaufstand. Entsprechend spielte der Massenbegriff auch nur vereinzelt und meist mit Bezug auf die aktuellen Ansammlungen und Aufmärsche eine Rolle.

Damit verglichen hatten etwas später die zahlenmäßig größten Proteste, die seit 1945 auf deutschem Boden stattfanden, nämlich die Montagsdemons-

13 Vgl. etwa das Kapitel »Kulturindustrie, Aufklärung als Massenbetrug« in: Theodor W. Adorno / Max Horkheimer, *Dialektik der Aufklärung* [1944]. Frankfurt: Fischer 1969.

14 Vgl. etwa Walter R. Heinz / Peter Schöber (Hrsg.), *Theorien kollektiven Verhaltens. Bd. 2: Beiträge zur Analyse sozialer Protestaktionen und Bewegungen*. Darmstadt: Luchterhand 1973.

trationen in Leipzig im Spätsommer und Herbst 1989, eine andere Qualität. Ausgerechnet ein Staat, der noch wenige Wochen zuvor sein vierzigjähriges Bestehen mit so typischen wie grotesken Massenveranstaltungen gefeiert hatte, sah sich hier dem Hervorbrechen einer echten Masse gegenüber, die weder in Zahl noch Zusammensetzung einer bestimmten Oppositions- oder Dissidentengruppe mehr zuzuordnen war. Damit nahm diese Masse dem Regime nicht nur sein eigenes politisches Schlagwort der »werktätigen Massen«, sondern mit dem simplen Slogan »Wir sind das Volk« auch noch den eigenen Demokratieanspruch aus der Hand und führte ihm mit den völlig ungeordneten, zugleich aber weitgehend friedlichen Aufmärschen auch noch die wahrhaft »klassenlose Gesellschaft« geradezu satirisch vor Augen. Angesichts der fast tausend Toten, zu denen ganz ähnliche Massenproteste nur wenige Monate zuvor am Platz des Himmlischen Friedens in Peking geführt hatten, ist es noch heute schwierig, den friedlichen Verlauf dieser ostdeutschen Proteste zu erklären.

Vor dem Hintergrund des bisher Gesagten ließe sich eine der möglichen Ursachen vielleicht darin sehen, dass hier nicht nur eine Masse auftrat, welche die Masseninszenierungspolitik des real existierenden Sozialismus auf den Kopf stellte, sondern auch eine Massenform, die generell aus dem modernen Gedächtnis Europas verschwunden war. Eine Masse, die sich weder inszenieren noch lenken ließ, sondern aus den gesellschaftlichen Widersprüchen des Arbeiter- und Bauernstaats selber erwachsen war und damit – wenn auch in anderer Weise als im 19. Jahrhundert – das hervorbrechen ließ, »was die Schwäche an Stärke im Innersten birgt«.

Die Masse im 21. Jahrhundert

Heute leben wir, um auf Andreas Reckwitz zurückzukommen, in einer Gesellschaft der Singularitäten. Und selbst dort, wo sich, wie im Populismus der letzten fünf bis zehn Jahre, neue Kollektive und neue Ansprüche auf ein Gehörtwerden des Volks unterhalb der gesellschaftlichen Institutionen herausbilden und auf der Straße artikuliert werden, ist unser Blick auf deren Besonderheit geeicht. Das dominante öffentliche Deutungsschema mit Blick auf den Rechtspopulismus der vergangenen Jahre ist nach wie vor die Wiederkehr des Nationalismus – oder in Reckwitz' Sicht: die letztlich dem neoliberalen Zwang zum Singulären entsprechende Wiederkehr der Betonung des partikular Besonderen und national Exklusiven.

Eben das aber scheint bei genauerem Hinsehen wenig plausibel: Ja, »Deutschland den Deutschen«, »America First« und »Ausländer raus« – all das gibt sich den Anschein, als ginge es um die Erhebung der eigenen

Gemeinschaft über alle anderen. Daneben aber ist unübersehbar jene eigentlich populistische Dimension, die sich nicht horizontal, sondern vertikal, binnengesellschaftlich und zugleich transnational abgrenzt gegen die Eliten, gegen die Lügenpresse, gegen den Staat, gegen die Parteien und Institutionen, gegen Feminismus und Multikulturalismus, gegen Islam und Judentum und gegen die angebliche linke Meinungshoheit oder eingebildete Verschwörungen. Fragt man umgekehrt nach dem, was jenes angeblich besondere Volk denn nun ausmacht, in dessen Namen der Rechtspopulismus spricht, bleibt nur sehr Amorphes übrig: regionale Kleinbürgervereine, die das Abendland schützen wollen, »normale« und gesunde Familien mit traditionellen Geschlechterrollen, Nachbarschaften in Angst vor dem Fremden, eine imaginierte Solidarität mit den Nationalisten anderer Länder sowie der fundamentale, immer häufiger auch vor Gewalt nicht zurückschreckende Anspruch, durch direkte Aktion und an den etablierten Institutionen vorbei dieser amorphen Gruppe, die sich »Volk« nennt, endlich Gehör zu verschaffen.

Dahinter steht aber gerade kein Wissen von der partikularen Besonderheit der eigenen Gemeinschaft oder gar eine Begründung dieser Besonderheit. Ebenso wenig liegt hier ein klassisches nationales Feindbild vor, an dem sich die eigene Vergemeinschaftung ausrichten könnte, und im Grunde belegen die rechtspopulistischen Aussagen und Auftritte nicht einmal die Überzeugung von der eigenen nationalen oder auch nur kulturellen Überlegenheit. In ihrem Kern steht vielmehr die paranoide Grundstruktur einer Wahrnehmung des Eigenen in ständiger Gefahr. Und eben daraus ergeben sich jene weiteren Merkmale des heutigen Rechtspopulismus, die zugleich jene Merkmale sind, die Ortega an den Massen des frühen 20. Jahrhunderts bemerkte: direkte Aktion, Machbarkeitsglaube, die Freisetzung von Regeln und Normen, das Vergessen historischer Erfahrung, der Hass auf das Fremde und die Irrelevanz rationaler Begründungen zugunsten einer im Namen direkter Demokratie zu vollziehenden Selbstermächtigung. Was Ortega an den Massen der Zwischenkriegszeit beobachtete, ist uns im Populismus von heute nur zu vertraut.

Mit dieser Parallelisierung soll nicht dem Mythos von der Wiederkehr der Weimarer Verhältnisse das Wort geredet werden – zumal diese These selber einer nationalen Logik folgt und die politische Pädagogik der alten Bundesrepublik einfach ins neue Jahrhundert fortschreibt. Vielmehr geht es darum, zu fragen, in welchem Sinne das, was der Populismus »Volk« nennt, eine neue Variante dessen ist, was bis zur Mitte des 20. Jahrhunderts »Masse« genannt wurde, in der zweiten Hälfte des 20. Jahrhunderts dann aber weitgehend in Vergessenheit geriet; ob vielleicht gerade der amorphe

Charakter dieses heute neu beschworenen Volkes, das inhaltslose Insistieren darauf, der wahre Untergrund der demokratischen Ordnung zu sein, und das Misstrauen gegen Institutionen, Regeln und Prinzipien nicht eher in einer massentheoretischen Perspektive zu analysieren wären anstatt in den gewohnten Kategorien nationaler Differenz und sozialer Ungleichheit.

Mit den jüngsten Europa- und Kommunalwahlen ist deutlich geworden, dass die AfD inzwischen eine Massenpartei und der Rechtpopulismus ein Massenphänomen geworden ist – in Deutschland und halb Europa. Schon das sollte uns endgültig davon abbringen, hier eine ganz bestimmte politische Strömung, eine radikal-nationalistische, revisionistische, ultrakonservative oder in anderer Weise programmatisch auftretende politische Lehre zu sehen, die sich effektiv nur bekämpfen lässt, wenn man ihr Verfassungsbruch nachweist. Vielmehr ist es an der Zeit, sich einzugestehen, dass der Rechtspopulismus weder am Rand der Gesellschaft steht noch diesen Rand repräsentiert. Er ist, meint und adressiert die Mitte der Gesellschaft. Dies gelingt, indem er jenen Mythos eines Willens der vorpolitischen und vorinstitutionellen Masse reaktiviert, den es in der modernen Demokratiegeschichte immer gab, der in unserer parteipolitischen Ordnung aber lange unsichtbar blieb. Trotz aller Exklusionsrhetorik kann sich zu dieser vorpolitischen, aber aktiven Masse im Prinzip jeder und jede zugehörig fühlen. Das Selbstermächtigungsversprechen, das traditionell in diesem Begriff der Masse steckt, überträgt der Rechtspopulismus derzeit höchst erfolgreich in den schon länger zur Neubesetzung freigestellten Begriff des Volkes.

Theaterkolumne

Osten

Von Ekkehard Knörer

Jena

Die im vergangenen Jahr wohl am meisten beachtete, beim Theatertreffen in Berlin von Publikum wie Kritik am lautesten gefeierte und mit gleich zwei Preisen ausgezeichnete Inszenierung kam aus einem Theater im Osten. Entstanden war sie nicht an einer der großen, auch finanziell gut ausgestatteten Bühnen in Leipzig oder Dresden, sondern an einem kleineren Theater, das außer Kennern der Szene kaum jemand auf dem Schirm gehabt hatte: nämlich am Theaterhaus Jena.

Der Titel des Stücks – *Die Hundekot-Attacke* – zeigt einerseits deutlich an, worum es darin geht, führt andererseits klug in die Irre. Sehr wohl ist die degoutante Attacke, bei der der Star-Choreograf Marco Goecke der *FAZ*-Kritikerin Wiebke Hüster den Kot seines heißgeliebten (inzwischen verstorbenen) Dackels ins Gesicht rieb, Ausgangspunkt des Abends. Aber nicht nur werden die Namen der beiden niemals genannt, das Ganze erweist sich bald als ganz anders, als man gedacht hat. Nämlich als pseudodokumentarisches Making-of einer gescheiterten theatralen Auseinandersetzung mit dem Vorfall. Die meiste Zeit sitzen die Darstellerinnen und Darsteller auf Stühlen in einer Reihe und lesen aus E-Mails, in denen sich vermeintliche Inszenierungsideen, persönliche Gekränktheiten und Diskussionen über die Hundekot-Affäre ineinander verwickeln. Das ist clever, ja klug, und es ist komisch.

Die Hundekot-Attacke spielt so auf mindestens doppeltem Boden, ganz ausdrücklich sprechen die Schauspielerinnen und Schauspieler darüber, dass es gelingen könnte, mit dem bewusst spekulativ gewählten Gegenstand auch einmal die überregionale Kritik in die thüringische Theaterprovinz zu locken. Die Logik von Clickbait und medialen Aufmerksamkeitsökonomien wird mitreflektiert, eine Pointe, die mit dem sich immer steigernden Erfolg und der Einladung zum Theatertreffen nach Berlin – im Stück selbst als Fantasie schon halb antizipiert – zusehends abgründiger wurde. Durchgespielt wird das Verhältnis von Kunst und ihrer Kritik auf vielen Ebenen, etwa im autobiografisch grundierten Drama um die Gekränktheit eines der Schauspieler, Leon Pfannenmüller, durch einen als heftig erinnerten Verriss zu Beginn seiner Karriere in München. Dass sich dieser Verriss beim Wiederlesen als eher halb so schlimm erweist, gehört zu den dialektischen Volten, die das Stück bereithält. Eine weitere ist das letzte Drittel, in dem dann überraschenderweise doch noch eine nicht nur komisch gemeinte choreografische Umsetzung der in den E-Mails, die das Stück bis dahin ausmachen, entwickelten Ideen als Tanz und Action-Painting performt wird.

Der Höhepunkt des Abends ist ein Rap, vorgetragen von Nikita Buldyrski (der nicht zuletzt dafür beim Theatertreffen prompt den Alfred-Kerr-Darstellerpreis erhielt). Er ist nicht weniger als eine Ode an das Publikum vor Ort und vor allem die lokale Kritik und die namentlich genannten Kritikerinnen, die sich abseits der nationalen Aufmerksamkeit liebevoll und geduldig mit dem Theaterhaus in Jena – und so vielen anderen der nach wie vor enorm vielen Bühnen, Deutschland hat die höchste Theaterdichte der Welt – in den deutschen Provinzen befassen. Theater ist schließlich, wenn nicht gerade Pandemie ist: vor Ort. Mit der jeweiligen Stadtgesellschaft verbunden, nicht notwendig harmonisch, besonders lebendig sind Theater meistens da, wo sie sich als ästhetische und politische Herausforderungen für die Mehrheitsgesellschaft begreifen. Schon gar nicht geht es – außer in den völkischen Fantasien der Rechten – um Verwurzelung von Stoffen, Texten, Spielformen und Akteuren im Sinn einer Autochthonie (des »Deutschen« oder auch des Lokalen).

Das Theaterhaus Jena war in der DDR über Jahrzehnte eine Nebenspielstätte des Nationaltheaters in Weimar. Nach der Wende hat es sich zu einem der in seinen Strukturen ungewöhnlichsten Theater in Deutschland entwickelt. Es hat die Rechtsform der eigenständig, wenngleich mit Zuschüssen wirtschaftenden gGmbH, die es erlaubt, Mitarbeiterinnen zu Gesellschaftern zu machen. Ost-Prominenz wie Heiner Müller und Frank Castorf kämpfte für dieses Modell, ausdrückliches Vorbild waren aber auch Kollektivexperimente im Westen wie die Schaubühne in Berlin und das Theater an der Ruhr von Roberto Ciulli. Die Räumlichkeiten blieben über lange Jahre provisorisch, was vielfältige Aktionen, die in den Stadtraum hineinwirken, aber erleichtert. Die künstlerische Leitung und die Darstellerinnen wechseln bewusst nach wenigen Jahren, was immer neue Experimente und Konzepte ermöglicht und die Verlangweiligung durch Routine verhindert.

Die Hundekot-Attacke war ans Ende der Zeit platziert, in dem das niederländische Kollektiv Wunderbaum die künstlerische Leitung am Theaterhaus hatte. Die Leitung – und auch das Ensemble – waren also ganz und gar nicht in Jena verwurzelt, haben sich aber durchweg die Zuwendung zur Stadt und zum Land auf die Fahnen geschrieben: »Das klassische und kanonische Repertoire war in der ersten Spielzeit abwesend, stattdessen geht das Theater fragend und forschend in die Stadt und die Probenprozesse hinein und entwickelt neue Stücke, die in dieser Form nur in Jena zu sehen sind. Dabei sind die Themen nah an der Lebensrealität der Stadtgesellschaft, sei es etwa die Auseinandersetzung mit dem Selbstbild Thüringens im *Thüringen Megamix*, die Beschäftigung mit den Körperbildern vor den Schablonen der Lebensreformbewegung, der FKK-Kultur und der Gegenwart in *Nackt* oder die interkulturellen Herausforderungen der Migration in *hätte, hätte, Fahrradkette*.«[1]

Zum Abschluss der Wunderbaum-Zeit passte die Meta-Form, die das Verhältnis von Zentrum und Peripherie, regionaler und überregionaler Ausstrahlung befragt, sehr genau ins Programm. Der gerade von

1 *Theaterhaus Jena // Rückblick. Ausblick.* In: *JenaKultur-Blog* vom 4. Oktober 2019 (https://blog.jena.de/jenakultur/2019/10/04/theaterhaus-jena-rueckblick-ausblick/).

der abgebrühten Hauptstadtkritik hier und da zu hörende Vorwurf, dass sich in diesem Stück das Theater mal wieder nur für das Theater interessiere, geht an dieser spezifischen Situierung völlig vorbei. Dieses Theater interessiert sich für das Theater als Teil dieser Welt. Zu der auch die strikte Befristung der Jobs des Ensembles gehört. Die Tatsache, dass alle bereits auf der Suche nach neuen Jobs sind, spielt in den vorgetragenen Mailwechseln keine ganz nebensächliche Rolle – und machte die umjubelten Aufführungen beim Theatertreffen zu einem Vorspiel eigener Art. Das ist konkret und meta zugleich, alle tragen autofiktiv ihre eigenen Namen, aber es spiegelt sich in der spezifischen Situation dieses Ensembles in diesem Theater an diesem Ort wie schon bei der Diskussion der *Hundekot-Affäre* viel Grundsätzliches, zur Prekarität dieses Berufs und zum Verhältnis von öffentlich geförderter Kunst und ihrer Kritik. Es ist die List des Lokalen, die hier in kluger Selbstreflexion triumphierte.

Schwerin

Das Mecklenburgische Staatstheater Schwerin ist ein mächtiger historistischer Bau aus dem späten 19. Jahrhundert. Fassade: Neorenaissance. Saal: Neobarock. Von der Vorderseite freier Blick über einen weiten Platz auf das Schweriner Schloss auf seiner vorgelagerten Insel, das viel älter ist, aber seine gegenwärtige Gestalt erst im 19. Jahrhundert annahm und in seinem Chateau-Begehren seinerseits ein so beeindruckendes wie leicht monströses Zeugnis des historistischen Wahns ist, in architektonisch herbeigezauberten Vergangenheiten leben zu können.

Das Theater in Schwerin ist ein Mehrspartenhaus, es macht ambitioniert und erfolgreich seine Arbeit im eigenen Historismusambiente und begibt sich für die Schlossfestspiele im Sommer ins Freie, in diesem Jahr etwa mit dem *Tartuffe* in einer Version von PeterLicht. Eher selten, etwa so selten wie beim Theaterhaus Jena, geschieht, was Anfang Juni geschah: dass nämlich ganz Theaterdeutschland auf Schwerin aufmerksam wird und Kritikerinnen und Fans sich in Berlin oder Hamburg in den Regionalexpress setzen, um eine Vorstellung im Mecklenburgischen Staatstheater zu besuchen.

Die Kombination war einfach zu reizvoll. Bei der Ausgrabung der Hindemith-Kurzoper *Sancta Susanna* nach einem Text des radikalen Expressionisten August Stramm alleine hätte noch niemand mit der Wimper gezuckt. Das fiebrige Musikdrama um die Jesus-Ekstase einer Nonne war einst ein Skandalstück, liegt aber definitiv am Rand des Repertoires und erregt nicht mehr viel Aufsehen bei den wenigen Gelegenheiten, bei denen es gespielt wird. Wenn aber Florentina Holzinger und ihre Truppe sich der Sache annehmen, ist das ganz anders. Die Wienerin Holzinger nämlich ist seit ein paar Jahren die wohl meistgefeierte Künstlerin im deutschsprachigen Theater. Sie ist ausgebildete Choreografin, hat zunächst beim Tanz und in der Freien Theaterszene Aufmerksamkeit erregt, wird inzwischen aber vor allem von den öffentlichen Bühnen – nicht zuletzt der Volksbühne in Berlin – für ihre spektakulären Performances engagiert.

Es ist ein Theater, das so noch nicht miteinander verbundene Mischformen sucht, zwischen Tanz und Nummernrevue, Zirkus und Extremsport, Grand Guignol und Zaubershow, Wiener Aktionismus und Marina Abramovič. Nicht ganz nebensächlich: Die Performerinnen sind in der Regel vollständig und auf sehr selbstverständliche und selbstbewusste Weise nackt, aus dem body-positiven feministischen Verständnis heraus, dass kein weiblicher Körper sich auf attraktiv zu dressieren hat. Was auf der Bühne passiert, ist oft starker Tobak, das Theater in Mecklenburg ist im Foyer und den Gängen mit Trigger-Warnungen gepflastert: Masturbation und anderer Sex, Baby im Kochtopf, Splatter und Blut, Selbstverletzung, body suspension an durch die Haut getriebenen Metallklammern, nackte Frauen, die an in der Luft schwebenden Motorrädern oder Kränen oder einem Hubschrauber turnen. Das alles aber stets angebunden an auf der Bühne erzählte persönliche Diskriminierungs-, Missbrauchs- und Traumatisierungsgeschichten, als deren Bearbeitung sich das Ganze versteht: verletzte Frauen, die sich gemeinsam empowern, versehrte Körper und Seelen, die das Trauma im Reenactment, in der Wiederversehrung, wiederholen, durcharbeiten und (nicht zuletzt mit Ironieoptionen) auf Distanz bringen, Deutungs- und Handlungsmacht an die Versehrten rücküberstellen.

Dies nun als Oper. Premiere ausgerechnet im Mecklenburgischen Landestheater, das sich die Kombination von Hindemiths Nunsploitation und Florentina Holzinger ausgedacht hat. Koproduziert ist die Inszenierung mit vertrauteren Stätten (unter anderem den Wiener Festwochen unter dem neuen Intendanten Milo Rau, der Staatsoper Stuttgart und der Berliner Volksbühne, als deren größtes Asset sich Holzinger schon während René Polleschs schwieriger Intendanz erwies) – die Bedingungen aber hat Schwerin vorgegeben. Das Musikdrama von Hindemith ist, mit zwei Sängerinnen und Chor im Nonnenkostüm, noch einigermaßen konventionell inszeniert. Nur das Bühnenbild lässt schon Holzinger ahnen. Eine Halfpipe füllt den Mittelgrund, eine Boulder-Wand den Hintergrund aus. Nach rund zwanzig Minuten aber ist die Oper vorbei, und es beginnt die eigentliche Holzinger-Show.

Zusammengehalten, wenn auch manchmal recht mühsam, wird ihr Theater der Attraktionen durch einen thematischen oder motivischen Faden. *Tanz* (2020) war, da führte der Titel nicht in die Irre, auf die Zurichtungen des klassischen Balletts fokussiert, im Zentrum stand als (natürlich auch nackte) Showmasterin und Zuchtmeisterin die siebenundsiebzigjährige Beatrice Cordua, einst Primaballerina in legendären John-Neumeier-Choreografien. Schon etwas gezwungener war die ebenfalls zum Theatertreffen eingeladene Talentshow mit durchgängigen Wassermotiven *Ophelia's Got Talent* (2022), die der Gefahr des Zerfalls in die etwas beliebige Nummernrevue nicht völlig entging. *Sancta* bindet sich nun an den Katholizismus, insbesondere die katholische Liturgie, und das ist natürlich ein Schatzhaus der Symbole, Themen, Motive und nicht zuletzt Rituale, die sich in feministischen Les-, Gesangs-, Zubereitungs- und Tanzarten pervertieren und transgressiv aneignen lassen.

Aneignung, Perversion, Transgression: Einerseits ist es genau das, was passiert, bis hin zum Wandlungswunder, das in einen sehr buchstäblichen kannibalistischen Akt umgesetzt wird: Eine Frau lässt sich mit dem Skalpell ein Stückchen Haut entfernen, das später frittiert, gepfeffert, gesalzen und auf offener Bühne verspeist wird. An einem in der Höhe schwebenden Kreuz schweben zwei Frauen mit und kopulieren davor und daran. Eine große Glocke schwingt, mit menschlichem Klöppel darin, später wird an ihr artistisch geturnt. Im Hintergrund Fisting an der Boulder-Wand. Außerdem im Programm: eine kleinwüchsige, selbstidentifiziert lesbische Päpstin, die erst im Himmel und nicht auf Erden flammende Strafeden hält und dann an einem Schwenkarm recht unpäpstlich vielfach um 360 Grad rotiert. Die Kletter- ließ sich auch als Leinwand für Filmprojektionen nutzen, in einer längeren Sequenz wird dabei recht ohrenbetäubend das Deckengemälde der Sixtinischen Kapelle zertrümmert. Dazu, daneben, darunter viel Musik, nicht mehr von Hindemith, stattdessen geistliche Werke, etwa ein *Kyrie Eleison*, die Sängerinnen (manche, nicht alle am Ende auch nackt) platzieren sich vor den Wänden des Zuschauersaals und tauchen das Publikum in geistliches Lied. Es gibt weiter Orchestermusik (dirigiert von Marit Strindlund), aber auch eher Rockopernhaftes sowie Heavy Metal, außerdem eine famose Solistin, die, nur in eine Schwebekonstruktion gegürtet, Songs wie *It's Raining Men* intoniert.

Dies alles ging mit der traditionellen katholischen Auffassung der Liturgie gar nicht konform. Bei der Aufführung einen Monat später in Wien waren zwei Bischöfe, die selbstverständlich nicht vor Ort gewesen waren, nicht sehr amused. Der im Vorfeld von manchen erwartete Skandal blieb in Schwerin aber aus. Wahrscheinlich deshalb, weil sich die Inszenierung eben nicht auf Parodie, Karikatur, Blasphemie und Kritik reduzierte. Von alledem war etwas darin, aber je länger man zusah, desto klarer wurde auch die große Affinität des Holzinger-Programms zum Katholizismus. Kein Wunder vielleicht bei einer Truppe, die aus Österreich stammt. Ein ans Kreuz genagelter Mann, eine vom Schwert geschlagene Wunde, in die einer die Hand hineinlegt, O-Ton Holzinger: »Ja, natürlich, die Kreuzigung muss stattfinden. Nägel durch die Hand und den Körper Christi ingestieren und solche Sachen, klar. Mich interessieren die christliche Liturgie und die Rituale der katholischen Kirche, natürlich auch die Wunder und die Magie der Bibel. Wir arbeiten überhaupt sehr viel mit Magie in dieser Show, um diese christlichen Transformationen wirklich stattfinden zu lassen. Um die simpelsten zu nennen: Wasser zu Wein, Wein zu Blut, das Brot als Körper, den man essen kann.«[2]

Und so entpuppte sich *Sancta* als Transformation eigener Art: ein kleines Wandlungswunder, das aus dem Papst eine Päpstin macht, aus Jesus eine bärtige Frau mit viel Schmäh (auf Schweizerdeutsch), aus Christus bei der Hochzeit zu Kana eine Magierin, die aus dem Nichts immer weitere Weinflaschen herbeizaubern kann. Die nackten Frauen mit Nonnenhauben, die durch die Halfpipe skaten, sind womöglich ohne biblisches Vorbild, aber sie passen ins Bild. Szene für Szene handelt es sich bei diesem feministischen Postkatholizismus um die so komische wie liebevol-

2 *»Das Religionsding ist ein fucking Tabu«*. Florentina Holzinger im Gespräch mit Heimo Lattner. In: *Kultur Mitte Magazin* vom 30. Mai 2024 (https://kultur-mitte.de/das-religionsding-ist-ein-fucking-tabu/).

le, so logische wie surreale, in ihren Pervertierungen nicht destruktive, sondern befreiende und empowernde Aneignung. Nur konsequent, dass alles mit dem ungeschützten Pathos endet. Eine trans Frau predigt die Liebe, ruft das Publikum zu Orgien auf. Die bleiben aus, aber nicht die Standing Ovations eines Publikums, das sichtlich gemischt ist: Die angereisten Kritikerinnen und die Holzinger-Fangirls spenden ebenso begeistert Applaus wie die festlich gekleideten Abonnentinnen der Oper Schwerin.

Beschwingt gehen wir durch die puppenstubenhafte, um die Uhrzeit recht ausgestorbene Innenstadt zurück zum Hotel. Von hinten nähert sich eine kleine Gruppe männlicher Teenager, die auf einen anderen Sommerhit als Hindemiths *Sancta* eingestimmt ist. Sie singen, was man auf Sylt und andernorts singt: »Deutschland den Deutschen, Ausländer raus«, Gigi d'Agostinis Hymne auf die Liebe *Toujours l'amour*, in einen menschenfeindlichen Hassgesang transformiert.

Bitterfeld-Wolfen

Die einst eigenständigen Braunkohle- und Chemiestädte Bitterfeld und Wolfen, jede auf ihre Weise berühmt beziehungsweise berüchtigt, sind nach der Wende stark geschrumpft und (mit drei weiteren Gemeinden) seit 2007 zu einer Bindestrich-Stadt zusammengelegt. Es gibt ein Kulturhaus in Wolfen, aber es gibt kein Theater. Im Kulturhaus mit seinem großen Saal finden Lesungen statt, Musicals kann man sehen, Konzerte, eine städtische Bühne jedoch ist das nicht. Größer noch war der Kulturpalast (einst: Kulturpalast Wilhelm Pieck), ein 1959 errichteter, ziemlich monumentaler neoklassizistischer Bau an einer Ausfallstraße im Bitterfelder Chemie-Gewerbegebiet, in der DDR berühmt wegen der Konferenzen, die die Losung vom Bitterfelder Weg (»Greif zur Feder, Kumpel«, eine Prägung des bald zensierten Schriftstellers Werner Bräunig) ausriefen, aber auch ein Ort für Theater, für Konzerte (1965 war einmal Udo Jürgens zu Gast), für Unterhaltungsshows, die im Fernsehen liefen, für große Feiern und für die Jugendweihe, das nicht zuletzt.

Wechselvoll war das Schicksal nach der Wende, bis zur Schließung 2015, 2017 gar: Abrissantrag. In letzter Minute jedoch fand sich mitten in der Pandemie ein Käufer, Matthias Goßler, erfolgreicher Betreiber einer Event-Agentur aus der Nähe von Bitterfeld. Er wollte den Ort für Events und Veranstaltungen wiederbeleben, als erste große Aktion unterstützte er 2022 ein Festival, das im Kulturpalast und in seiner Umgebung stattfinden sollte und sich schlicht und selbstbewusst den Namen OSTEN gab. Wenige Tage vor Festivalbeginn kam Goßler bei einem Autounfall ums Leben, das Festival fand als entspannter Hochbetrieb um den Kunstpalast statt. Dieser blieb im Besitz von Goßlers Witwe. Sie ist bis heute auf der Suche nach Käufern, die zum Engagement im Sinne des Verstorbenen bereit sind. Der Palast ist unterdessen zurückgesunken in seinen Dornröschenschlaf, auf den Stufen wächst Gras durch die Ritzen, vor dem Eingang erinnern im Juni 2024 eine Tafel und Blumen an den verstorbenen Goßler.

Das Festival OSTEN ist zwei Jahre nach der ersten Ausgabe wieder vor Ort. Nicht im Kulturpalast, sondern diesmal in einer aufgelassenen Feuerwache in Wolfen, mitten auf dem ehemaligen ORWO-Gelände.

ORWO stand, es wird nicht jeder mehr wissen, für »Original Wolfen« und war, in der Nachfolge der 1909 hier gegründeten Agfa, die Fabrik, in der in der DDR Filmmaterial für Foto und Film, aber auch Röntgenplatten und Magnetbänder hergestellt wurden. OSTEN geht die Sache anders an als das größte Kulturprojekt für den Osten, das Lausitz-Festival, das mit viel Geld sowie Daniel Kühnel, dem hochberühmten Impresario-Intendanten aus Hamburg, aber ohne großen Input der Initiativen und Veranstalter und Menschen vor Ort ziemlich x-beliebige Hochkultur plus ausgesprochen intellektuellen Debattierbetrieb (oder in der Eigendarstellung »feinste bildende Kunst und eine elaborierte und ungewöhnliche Gesprächsreihe«) in die größeren und kleineren Städte der Lausitz verschickt. Wo sie nicht unbedingt auf die erwartete Dankbarkeit trifft, sondern auf teils heftige Kritik, die den Paternalismus der Sache zu Recht kritisiert, von trotzigem Beharren auf der eigenen Provinzialität aber auch nicht vollständig frei ist.

Gegen ein solches Kuratieren im Top-down-Beglückungsverfahren lieferte das OSTEN-Festival, das an drei aufeinanderfolgenden Wochenenden im Juni stattfand, sehr bewusst das Gegenprogramm. Es ist ein Festival, in dessen Zentrum Theater und Performances stehen, es bietet aber auch Musik, Kunst, Literatur und Film. Eine Entführung mit dem Motorrad. Und eine Radtour, bei der man viel lernt. In diesem Jahr war eine Retrospektive des Dokumentarfilmers Thomas Heise programmiert, der, ein wenig ist das Festival von der Tragik verfolgt, unmittelbar vor Beginn des Festivals plötzlich verstarb. »Atelier für gegenseitiges Interesse«

nennt sich ein Begegnungsraum, ebenso von raumlabor, einer Gruppe für künstlerische Innen- und Außenarchitektur, erbaut wie die Wasserrutsche aus Holz, die aus dem oberen Stockwerk der Feuerwache in einen Swimmingpool führt und nicht nur von anwesenden Kindern eifrig genutzt wird.

Beim letzten Mal ging man mit Schubkarren durch den Ausstellungsparcours, Erinnerung an den Braunkohletagebau. Die Radtour dauert dieses Mal mehr als drei Stunden, führt als Reenactment der ersten Umweltdemo der DDR von 1984 von Bitterfeld bis nach Wolfen, durch Ex-Tagebau und gegenwärtige (vergleichsweise unfassbar saubere) Chemieindustrie. Man kommt nebenbei mit Bewohnerinnen der Gegend ins Gespräch, die wie beim Festival insgesamt keinen geringen Teil der Besucher ausmachen. Man wird im offiziellen Radtourprogramm durch Experten und Zeitzeugen informiert, über den Dreck und das Gift der Vergangenheit, das noch auf Jahrhunderte Wasser und Boden verseucht. Dazwischen aber holt sich die Natur Biotope zurück, in denen Tiere kreuchen und fleuchen, denen man in der üblichen Agrarmonokultur schon lange nicht mehr begegnet. Wildschweine gibt es, erfahren wir, reichlich, aber sie haben auf uns keine Lust. Was es auch am Wegesrand gibt: Gedichte. Sie stammen von Autorinnen und Autoren des Bitterfelder Wegs, ein Lyriker aus der Region, Stefan Wartenberg, trägt sie vor und macht so einen Bitterfelder Radweg daraus.

Das Festival ist niedrigschwellig und deshalb nicht immer subtil. Es gibt Gelegenheiten, bei denen Subtilität wichtig und schön und angebracht ist. Und es gibt die anderen, zu denen OSTEN gehört, bei denen auch Wasserrutschen wunderbar sind. Schon weil Zugänglichkeit hier nicht ästhetische oder intellektuelle Schlichtheit bedeutet. *Tyrannosaurus Regina* des Künstlerinnenkollektivs hansjana zum Beispiel, eine Mischung aus Audio-Walk und Performance ist so witzig wie smart. Partout wird hier zusammengezwungen, was kaum zusammengehört: Dinosaurier und die Frage, wie frauenfreundlich die Politik der ebenfalls untergegangenen DDR tatsächlich war. Es geht auf die sehr trockene grüne Wiese, auf der einst ORWO-Fabrikbauten standen. Es kommen Dinosaurier im tollen Kostüm aus dem Gebüsch. Zuvor tauchte, noch überraschender, eine Linedance-Truppe nicht mehr ganz junger Frauen aus Bitterfeld-Wolfen aus dem Hintergrund auf und platzte in eine grandiose Performance zum Thema toxisch männlicher Paläontologie. Kooperationen wie diese sind die Frucht der gezielten, inzwischen schon vier Jahre zurückreichenden Vernetzung von Festival und Menschen und Vereinen vor Ort. Beim letzten Mal hat der Musiker Ari Benjamin Myers für das Festival ein Stück komponiert. Das »Werksorchester« wurde aus Musikschülerinnen und Erwachsenen ohne Vorkenntnisse an den jeweiligen Instrumenten zusammengefügt, wobei die Jungen den Alten das Spielen beibrachten. In diesem Jahr kam es zur Wiederbegegnung. So werden Fäden geknüpft und nicht fallengelassen.

Wer wie wir nur für einen Samstag nach Wolfen fährt, hat natürlich die meisten der 173 kleineren und größeren Ereignisse im Rahmen von OSTEN verpasst. Man bedauert so was nicht immer, hier schon. Dieser Samstag, an dem wir in Wolfen sind, ist allerdings ein besonderer Tag. Am Sonntag wird in Europa gewählt. Und vor dem Rathaus von Wolfen, dem beeindruckenden ehemaligen ORWO-Verwaltungsgebäude aus den dreißiger Jahren, das an Hans Poelzigs I.G.-Farben-Bau in Frankfurt erinnert, haben sich Menschen für einen Autokorso versammelt, zu dem die AfD aufruft. Fast alle sind mit Deutschlandfahnen bewimpelt, aber auch die Friedenstaube hat als Freundin Putins inzwischen zur Rechten rübergemacht. Die Worte des Einpeitschers, die mehr nach Biedermann als nach Brandstifter klingen, sind auf dem Festivalgelände deutlich zu hören. Im Vorfeld hat die AfD das Festival mit einer absurden Klage gegen zwei Kunstwerke getrollt, an diesem Nachmittag macht nun jeder seins, ohne dass eine Brücke vorstellbar wäre: das Festival seine inklusive und menschenfreundliche Kunst, der Autokorso und seine passiv-aggressive Deutschtümelei. Tags darauf wird die AfD in Bitterfeld-Wolfen mit fast 37 Prozent die mit weitem Abstand stärkste Partei.

Black Atlantics

Von Adom Getachew

Vor etwas mehr als zehn Jahren verbrachte ich zwei Monate in Trinidad, um für mein erstes Buch in den Archiven der University of the West Indies zu forschen. Ich wohnte in einem Gästehaus, das von einer presbyterianischen indo-trinidadischen Familie geführt wurde. Als meine Gastgeber hörten, dass ich aus Äthiopien komme, berichteten sie mir von der Äthiopischen Orthodoxen Gemeinde auf der Insel und machten mich mit dem Erzbischof bekannt, der für die Kongregationen in der Karibik und in Lateinamerika zuständig war.

Mein Besuch eines Gottesdienstes war eine so verstörende wie bewegende Erfahrung. Tausende Meilen entfernt von Äthiopien erlebte ich, wie die Rituale, mit denen ich aufgewachsen war, von den Bewohnern Trinidads mit einem Enthusiasmus vollzogen worden, zu dem es bei mir nie gereicht hatte. In Äthiopien wie in den USA verwendet die Äthiopische Orthodoxe Kirche im Gottesdienst noch immer Ge'ez (eine klassische Liturgiesprache, ähnlich wie Latein). Da ich mit dieser biblischen Sprache nicht vertraut bin, war mir immer etwas unklar geblieben, worum es in den Gesängen ging. In Trinidad aber war die Liturgie ins Englische übersetzt worden, so dass ich einen ganz anderen Zugang zu dem Glauben bekam, in den ich hineingeboren wurde.

Bei meinen Besuchen orthodoxer Kirchen auf der ganzen Insel habe ich mich mit einer Frau namens Semrete angefreundet (den Namen hat sie nach ihrer Taufe angenommen) und viele Wochenenden mit ihrer Familie verbracht. Sie erzählte mir, dass sie vom Rastafari-Glauben zur orthodoxen Kirche gewechselt sei, weil diese ihr ein Schwarzes Christentum ohne das Erbe des europäischen Kolonialismus anbot. Sie erzählte mir von ihrem Wunsch, nach Äthiopien zu reisen, ihr Mann sei als

Priester schon dort gewesen. Und ich versprach ihr auf ihre Bitte hin, ihr religiöse Kalender und weiße Habesha-Baumwollkleider und -Schals für die Kirche zu schicken, sobald ich zurück in den Vereinigten Staaten wäre. Ich halte mich bis heute daran.

An meinem letzten Sonntag in Trinidad fuhr uns Semretes Mann nach dem Gottesdienst und dem Mittagessen an die Ostküste der Insel. Dort erklärte mir Semrete: Würden wir Trinidad hier hinter uns lassen und den Ozean überqueren, wäre das nächste Stück Land, auf das wir stießen, Afrika. Es war ein poetischer Moment, mir kommen verlässlich die Tränen, wenn ich diese Geschichte erzähle. Ich verstand die Wehmut, mit der sie gen Osten blickte, aber teilen konnte ich sie nicht. Zwölf Jahre davor hatte meine Familie von der anderen Seite des Atlantik in Richtung Vereinigte Staaten geblickt. Die Kirche, die für Semrete ein Schwarzes Christentum repräsentierte, war die, die mein Vater als Student verlassen hatte, weil er zu dem Schluss gekommen war, dass sie im monarchisch regierten Äthiopien als Instrument der Herrschaft fungierte. Auch ich hoffte, Äthiopien besuchen zu können, aber ich spürte die Last von Exil, Schuld und des Wissens um unmöglich erfüllbare Erwartungen.

Ich will nicht einfach Semretes imaginiertes Afrika neben mein »wirkliches« stellen. So wie Semrete ein romantisiertes Afrikabild hatte, so war auch mein Bild eines afroamerikanischen Amerika, das ich mit dem politischen Konservatismus und der kulturellen Insularität Äthiopiens kontrastierte, rosa gefärbt. Die Verbindung, die wir beim gemeinsamen Blick hinaus auf den Atlantik spürten, war aus Erkennen und Verkennen zusammengesetzt; es war etwas von einander Verstehen, aber auch von einem aneinander Vorbeisehen darin.

Als ich in die USA kam, war ich dreizehn und wurde in die damalige Washington-Lee (und heutige Washington-Liberty)-High School in Arlington, Virginia, eingeschult. Meine Klassen waren voller unlängst ins Land gekommener Immigranten aus Mittelamerika und Ostafrika sowie Kindern afroamerikanischer Familien mit einer langen Geschichte in diesem Staat – und sie repräsentierten damit die wachsende Diversität des nördlichen Virginia. Ich kann mich nicht an irgendwelche weißen Schülerinnen oder Schüler erinnern. Das änderte sich in meinem zweiten Jahr, als ich in Klassen für Fortgeschrittene kam, um mich auf das Internationale Abitur vorzubereiten. Erst zur Jahreshälfte tauchte ein zweiter Schwarzer Schüler in meiner Mathe-Klasse auf.

Es war offensichtlich, dass etwas namens »race« mit dieser abgründigen Erfahrung zu tun hatte – und mir schien, dass ich möglichst alles darüber in Erfahrung bringen sollte. Im Unterricht erfuhr ich wenig dazu, aber die Black History Awareness Society, eine vom Koordinator für Minderheitenerfolge, einem Absolventen der Howard University, unterstützte Schülergruppe, wurde für mich zu einem wichtigen Anlaufpunkt. Ich vergrub mich in Recherchen zur Harlem Renaissance und war Ko-Regisseurin eines Stücks über große Persönlichkeiten dieser Zeit, das wir für den Black History Month einstudierten. Ich erfuhr von Marcus Garveys Bewegung und den Gedichten von Langston Hughes. Ich kleidete mich in einen Fake-Pelzmantel und spielte Zora Neale Hurston, genoss die Rolle als selbstbewusste Schriftstellerin, die kein Blatt vor den Mund nahm – so weit entfernt von meiner eigenen Unbeholfenheit und Unsicherheit.

Ermutigt vom Unterstützer der Society besuchte ich ein Sommerprogramm »Internationale Beziehungen« an der Howard University. Zwei Jahre später, als Undergraduate an der Universität von Virginia, entschied ich mich für African American Studies als Hauptfach und wählte gezielt extrakurrikulare Fächer, mit denen ich hoffte, mich weiter in Schwarze Politik, Kultur und Geschichte vertiefen zu können. So sahen meine Anstrengungen aus, meine neue Heimat zu verstehen und einen Platz in ihr zu finden. Was ich am Ende in den African American Studies fand, war aber ein Fenster zur Welt, das mich nach Trinidad brachte. Und zu Semrete.

In den Vereinigten Staaten neigen wir dazu, »race« entlang der sauberen Zweiteilung der Farblinie – Schwarz gegen weiß – zu verstehen, obwohl die sich rasch ändernde Demografie diese Binarität zusehends unterläuft. Der Forscher Louis Chude-Sokei hat Begegnungen innerhalb derselben »race« zu seinem Thema gemacht – also Begegnungen wie die zwischen Semrete und mir, die die diasporische afrikanische Erfahrung formen. In inzwischen drei Büchern hat Chude-Sokei, Professor für Englisch und afroamerikanische und Schwarze Diaspora-Studien an der Universität Boston, die alltäglichen Begegnungen untersucht, in denen Menschen unterschiedlich positionierter afrikanischer Diaspora-Gruppen ihre Identitäten aushandeln. *The Last »Darky«* beschäftigt sich mit dem Blackface-Performer Bert Williams. *The Sound of Culture* untersucht den musikalischen und klanglichen Ausdruck im Zusammenhang von »race« und Technologie. In beiden und ganz besonders in seinem Memoir *Floating in a Most Peculiar Way* konzentriert sich Chude-Sokei auf den »intersubjektiven und mikropolitischen Prozess« der Diaspora.[1]

Chude-Sokeis Arbeit konfrontiert einen mit Erfahrungen, die oft zum Schweigen gebracht werden, weil sie entweder für eine öffentliche Diskussion zu schmerzhaft oder für die politische Sache, die mit dem Insistieren auf der Einheit der Schwarzen, vorangebracht werden soll, nicht hilfreich sind. Er hält wenig von grandiosen Momenten panafrikanischer Solidarität, in denen eine vereinte Stimme erforderlich scheinen kann, und besteht darauf, dass Konflikt, Anfechtung, Hierarchien und vor allem Differenzen innerhalb Schwarzer Gemeinschaften ins Zentrum von African-Diaspora-Studien gehören.

Es erscheint wichtig und dringlich, die afrikanische Diaspora als in sich vielfältig neu zu begreifen. Chude-Sokei zu lesen hilft uns, die widerständigen Prozesse zu verstehen, die die Bedeutung von Blackness formen, und macht es auch möglich, einen präziseren Blick auf die Landschaft des Schwarzen Amerika zu bekommen, die sich angesichts der afrikanischen, ka-

1 Louis Chude-Sokei, *The Last »Darky«. Bert Williams, Black-On-Black Minstrelsy, and the African Diaspora.* Durham: Duke University Press 2006; *The Sound of Culture. Diaspora and Black Technopoetics.* Middletown: Wesleyan University Press 2016; *Floating in A Most Peculiar Way.* Boston: Houghton Mifflin Harcourt 2021.

ribischen und lateinamerikanischen Immigration stark wandelt.

In *Floating in a Most Peculiar Way* schreibt Chude-Sokei, dass er das Wort »Diaspora« in Los Angeles, bei den sonntäglichen Abendessen bei seiner Tante Pansy und seinem Onkel Owen kennengelernt hat. Um den Tisch waren Menschen von den West-Indies, Nigerianer und später auch Südafrikanerinnen und Menschen aus Ghana versammelt. Jamaikaner machten sich lustig über Nevis Island, »das so klein ist, dass man besser in seinen Schwimmsachen schläft, weil man sonst ertrinken könnte, wenn man sich nachts auf die andere Seite dreht«. (Die Tante aus Nevis lachte am lautesten über den Witz.) Die Nigerianer vermieden es, über den Bürgerkrieg zwischen Hausa und Igbo zu sprechen. Wenn das Thema doch aufkam, schreibt er, »wurde es nicht als eine nationale oder persönliche oder ethnische, sondern als afrikanische oder koloniale Tragödie behandelt. Auf diese Weise ließen sich Schuldzuweisungen vermeiden, und man konnte die Erfahrung zu einer gemeinsamen machen.«

Am Ende ging es bei den Gesprächen in dieser Gruppe Schwarzer Immigrantinnen und Immigranten meist um ihr Verhältnis zu Afroamerikanern; jemand erzählte eine Geschichte, wie man sich über ihn lustig gemacht hatte oder wie er sogar von einer Gang bedroht worden war, wegen seines Akzents oder seiner Fremdartigkeit. Wenn Chude-Sokeis Mutter so etwas hörte, »griff sie zur Abstraktion ›die Schwarzen‹«, um einen Kompromiss zu finden. Sie betonte, was »die Schwarzen« unabhängig von ihrer Nationalität gemeinsam hätten. Indem sie eine »imaginierte globale Gemeinschaft von Schwarzen« beschwor, schreibt ihr Sohn, versuchte sie, »die unangenehmen Details der persönlichen Erfahrung« auf Abstand zu bringen. Diese Dinner-Runde ist die perfekte Verkörperung von Chude-Sokeis intellektuellem Projekt: Hier blieben Differenz und Vielfalt gewahrt, während Menschen zusammenkamen. Hänselei und Bitterkeit waren so präsent wie gegenseitige Unterstützung und Gemeinschaftlichkeit.

Chude-Sokei wurde am 6. Juli 1967 in Biafra geboren, der kurzlebigen abtrünnigen Republik in Ostnigeria, die nach einer Reihe von Anti-Igbo-Pogromen als unabhängiges Igbo-Land gegründet worden war. Am selben Tag brach ein Krieg zwischen Nigeria und Biafra aus. In der Familie wird erzählt, dass Chude-Sokeis Mutter während der Geburt »die ersten Früchte der nigerianischen Bombenkampagne gegen Biafra hören konnte; und als sie ihren Sohn zur Welt gebracht hatte, war schon von ersten Opfern die Rede«.

Chude-Sokeis Vater, ein Igbo, war der Kommandant der Luftwaffe von Biafra und Berater der biafranischen Führungsfigur Odumegwu Ojukwu. Seine Mutter, eine Krankenschwester aus Jamaika, kümmerte sich um die Verwundeten und Unterernährten und tröstete jene in ihrem Umfeld, die im Krieg geliebte Menschen verloren hatten. Chude-Sokeis Vater wurde im Bürgerkrieg getötet. Unmittelbar vor dem Kollaps der jungen Nation floh seine Mutter mit Chude nach Gabun. Von dort aus gelangte sie zurück nach Jamaika, bald darauf aber in die Vereinigten Staaten, während sie Chude-Sokei zunächst bei Freunden der Familie in Montego Bay zurückließ. Später kam es zur Vereinigung von Mutter und Sohn in den USA, zuerst in Washington D. C., dann in Los Angeles, wo sich Verwandte der mütterlichen Seite niedergelassen hatten.

In seinem Memoir erzählt Chude-Sokei von diesem Weg, der eine persönliche Kartografie der Dekolonisierung und Diaspora zeichnet. Es ist eine Geschichte, die sich der simplen Binarität von Heimat und Exil verweigert. Das Land von Chude-Sokeis Geburt findet sich auf keiner Karte. Er gelangt nach Jamaika ohne großen Bezug zur Kultur der Igbo. Alles, was ihm von seinem Leben davor geblieben ist, ist ironischerweise ein rätselhaftes Lied über jemanden namens »Major Tom«, das von Mitarbeitern einer Hilfsorganisation in einem Flüchtlingslager in Gabun, in dem seine Mutter und er Schutz gefunden hatten, ständig gespielt wurde. Erst als er im Schulalter nach Amerika gelangt war, begriff er, dass es sich um David Bowies *Space Oddity* handelt. Eine Zeile daraus ist nun der Titel des Buchs.

Am unvertrauten Ort, in Jamaika, und als junges Kind darum ringend, seine Ursprünge zu verstehen, wird ihm klar, dass »Afrika«, der Ort, mit dem er durch seinen Nachnamen und seinen Akzent untrennbar verknüpft ist, voller widersprüchlicher Bedeutungen steckt. Assoziiert mit »Dunkelheit, Magie und Trauma«, war »›Afrikaner‹ noch immer eine Beleidigung«. Und für Chude-Sokei »lag der Anfang eines Bewusstseins meiner Selbst darin, von Schwarzen als Afrikaner bezeichnet zu werden«.

Zur selben Zeit machte ihn eine ältere Cousine mit den Rastafari-Lehren und Reggae bekannt, die Afrika als historische Heimat und als zukünftigen Ort der Erlösung idealisierten. Diese Cousine interessierte sich für seine nigerianischen Wurzeln und war besonders in Chude-Sokeis zweiten Vornamen, Onuorah, vernarrt, der »Stimme des Volkes« bedeutet. Im Tausch für ihre Protektion gegen die Kinder der Nachbarschaft, die ihn »afrikanisches Buschbaby« nannten, befriedigte er ihr Interesse an Afrika, indem er sich »exquisite« Geschichten ausdachte, die er als seine Erinnerungen ausgab.

Jahre später, er ist inzwischen Undergraduate an der UCLA, lernt er eine afroamerikanische Frau kennen, die afrikanische Geschichte studiert und auf ähnliche Weise von seinem Afrikanischsein fasziniert ist. Bis zu dem Moment, in dem er sie zu sich nach Hause einlädt, sind sein nicht zu verortender Akzent, sein eigenwilliger Musikgeschmack und andere Exzentrizitäten alle miteinander Zeichen für seine liebenswerte Fremdartigkeit. Als sie dann aber durch die Straßen von South Central Los Angeles fahren, beschließt die junge Frau, dass diese vermeintlichen Markierungen von Chude-Sokeis afrikanischer Identität nur eine Maske sind, eine ausgetüftelte Täuschung, hinter der er seine gar nicht weiter bemerkenswerte »Ghetto-Identität« verbirgt oder verdrängt.

Lange bevor sie in die Vereinigten Staaten kamen, setzten die späteren Einwanderer aus Afrika und der Karibik sich bereits dadurch in ein Verhältnis zum Schwarzen Amerika, dass sie sich mit dessen Kultur beschäftigten, von Jazz, Gospel und Hip-Hop bis hin zu Mode, Gesten und Slang. In Jamaika spielten der junge Chude-Sokei und seine Cousins Szenen aus amerikanischen Fernsehsendungen nach, in denen Afroamerikaner vorkamen. Sie lernten, was »give me five« bedeutet, und feilten an ausgefeilten Handshakes. Vor allem aber übten sie ihren Akzent, in der Hoffnung, »auf ewig wie Schwarze Amerikaner zu klingen«.

Als Chude-Sokei mit zehn Jahren in den Vereinigten Staaten ankam und begann, sich mit dem auseinanderzusetzen, was er als »America's unique relationship to skin« bezeichnet, lernte er bald eine andere Lektion: Schwarze Einwanderer schützten sich vor dem amerikanischen Rassismus nicht dadurch am besten, dass sie Afroamerikaner nachahmten. Im Gegenteil. Deutlich zuträglicher für ihr Streben nach Mobilität und Sicherheit war es, sich von diesen abzugrenzen. Das Mantra der Tanten, die später wie eine Familie für ihn wurden, lautete: »Egal, wie andere uns sehen mögen, wir sind nicht wie die.« Eine gabunische Tante riet seiner Mutter, sie möge dafür sorgen, dass der Junge einen »starken Akzent behalte. Sie müssen ihn erst hören, bevor sie ihn sehen. Die Weißen müssen wissen, wer wir sind, damit sie uns nicht wie die behandeln.« Anders zu klingen und die eigene Geschichte und Kultur zu betonen war eine Verteidigungsstrategie gegen die amerikanische Tyrannei des Rassismus.

Deutlich vor Augen geführt wird einem das an einer der lustigsten und schmerzhaftesten Stellen des Buches. Als ein weißer Klassenkamerad Chude-Sokei an einer katholischen Schule in Washington, D. C., mit dem N-Wort beschimpft und er seiner Mutter davon erzählt, beharrt dieselbe Tante darauf, er sei offenbar mit einem Schwarzen Amerikaner verwechselt worden. Beim nächsten Vorfall dieser Art solle er einfach sagen: »Ich bin kein Sklave. Mein Vater war kein Sklave. Mein Großvater war kein Sklave. Die Mutter meines Vaters war keine Sklavin ... Wir sind keine Sklaven. Wir sind freiwillig in dieses Land gekommen!« Als der Junge das N-Wort ein zweites Mal benutzt, ist Chude-Sokei vorbereitet und kontert mit der empfohlenen Litanei. Doch statt sich bei ihm zu entschuldigen, bricht der Junge in Tränen aus – und Chude-Sokei ist derjenige, der in das Büro des Direktors einbestellt wird.

Während die Älteren in Chude-Sokeis Familie darauf bestanden, sich von den Afroamerikanern zu distanzieren, suchte er selbst nach Identifikation und Assimilation. Dabei wurden Tante Pansy und Onkel Owens Sohn Brian – der »Schwarze Amerikaner« der Familie – für ihn zu Vorbildern. Brian hatte seinen jamaikanischen Akzent abgelegt, trug modische Straßenkleidung, einen Afro-Pick in seinem ungekämmten Haar und lernte die Codes von South Central LA. Eine Zeit lang eiferte Chude-Sokei ihm nach, kopierte jedes Wort und jede Geste, stemmte Gewichte im örtlichen YMCA und ließ sich die Schläge seines Cousins gefallen, um härter zu werden und Street Credibility zu erwerben. Bei Brian wurde diese hypermaskuline Ausprägung Schwarzer Identität nur durch die Liebe zu Prince konterkariert. Aus seiner Sicht zählte »in Amerika nur eine schwarze Identität«. Der Akzent, erklärte er Chude-Sokei, »spielt keine Rolle, Rassismus spielt keine Rolle, Weiße spielen keine Rolle. Nigerianisch, afrikanisch, karibisch sind auch nicht wichtig ... Wir – unser Volk – sind dumm, wenn wir an solchen Dingen festhalten. Deshalb hassen uns die Leute.«

Als Student an der UCLA versuchte Chude-Sokei den Spagat: Er trat sowohl der Black Student Association als auch der African Student Association bei und war erleichtert, dass es damals noch keine

Caribbean Student Association gab. Der Spagat wurde schwierig, als die BSA den damals in Mode gekommenen Afrozentrismus übernahm. »Radikale Studenten waren auf einmal nicht mehr Schwarz«, erinnert er sich, »sondern *African*, wobei die Schreibweise zwischen der konventionellen Schreibweise mit C und einem militanteren K schwankte.«

Die BSA änderte ihren Namen kurz darauf und firmierte fortan als Afrikan Student Association. Die Folge war, dass die Afrikaner nun weder das Schwarzsein noch das Afrikanischsein für sich in Anspruch nehmen konnten. Das Interesse an der Konstruktion einer afrikanischen Identität fiel allerdings mit »offenen und latenten Vorurteilen gegenüber Afrikanern« zusammen, die, wie Chude-Sokei schreibt, von Schwarzen Studenten in der Vereinigung als stinkend oder schmutzig beschrieben wurden. Diese kleinkarierte Studentenpolitik, die für Chude-Sokei bald von den Rodney-King-Krawallen überschattet wurde – die die zentrale Bedeutung des anti-Schwarzen Rassismus im alltäglichen Leben der USA noch einmal verstärkten –, machte die scharfe Dissonanz fühlbar zwischen Afrika als einer Idee, die im politischen und kulturellen Leben der Schwarzen eine wichtige Rolle spielte, und den realen, lebenden, atmenden Afrikanern, die nun in denselben Campus-Cafeterien anzutreffen waren.

Als ich in den USA ankam, war der Afrozentrismus der 1980er Jahre, der seinerseits das letzte Aufbäumen einer früheren panafrikanischen Politik darstellte, die die entkolonialisierten Nationen Afrikas als Quelle der Inspiration und Solidarität betrachtet hatte, bereits in den Hintergrund getreten. Niemand, den ich in der High School oder im College traf, wollte *Afrikan* sein. Stattdessen assoziierten die Klassenkameraden Afrika mit Safaris oder vielleicht mit dem König der Löwen. Ich wurde häufig gefragt, ob wir Löwen als Haustiere hielten.

Und doch ähneln die Erfahrungen, von denen Chude-Sokei berichtet, meinen eigenen. Meine Familie begegnete meinem wachsenden Interesse an der afroamerikanischen Geschichte und Kultur mit Misstrauen, manchmal sogar mit Spott. Entweder befand ich mich mitten in einer jugendlichen Rebellion, die sich in der Ablehnung meiner eigenen Identität ausdrückte, oder aber Amerika hatte mich einer Gehirnwäsche unterzogen. Als ich mich am College bewarb, fragten sich meine Klassenkameraden, ob ich, ein Neuankömmling an der amerikanischen Küste, nicht ungerechterweise von den Fördermaßnahmen profitieren würde, mit denen die amerikanische Geschichte der Sklaverei und Jim Crow wieder gutgemacht werden sollten. Als ich an der University of Virginia vor einer ähnlichen Wahl zwischen Schwarzen und afrikanischen Studentenorganisationen stand, entschied ich mich für Erstere, woraufhin ich sowohl von Schwarzen amerikanischen als auch von afrikanischen Studenten darauf angesprochen wurde. Einer Auseinandersetzung wich ich aus, indem ich nachdrücklich betonte, dass meine Blackness das Wichtigste an mir sei. Ich habe die Spannungen unter den Teppich gekehrt.

Sowohl Chude-Sokei als auch ich kamen mit der Einwanderungswelle in die Vereinigten Staaten, die durch das Hart-Celler-Gesetz von 1965 ermöglicht worden war. Es hob die seit den 1920er Jahren geltenden nationalen Quoten auf und erweiterte die Möglichkeiten für die Einwanderung aus Asien, Afrika und Lateinamerika. Dieser Sieg war nur möglich, weil sich die Bürgerrechtsbewegung für die Abschaffung von Rassendiskriminierung in den Institutionen des Landes eingesetzt hatte. Paradoxerweise stiegen die Chancen für afrikanische Einwanderer 1990 mit der Einführung des Diversity Immigrant Visa Program, bei dem jährlich etwa 50000 Visa über eine vom Außenministerium gesponserte Lotterie vergeben werden. Wie die Historikerin Carly Goodman kürzlich in ihrem Buch *Dreamland* dokumentiert hat, waren Diversity Immigrant Visa ursprünglich dazu gedacht, die weiße, insbesondere irische Einwanderung in die Vereinigten Staaten zu begünstigen.[2] Tatsächlich aber kam fast die Hälfte der Personen, die auf diesem Weg in die USA gelangten, aus afrikanischen Ländern. In den letzten Jahrzehnten ist die Zahl der afrikanischen Einwanderer in die Vereinigten Staaten weiter angestiegen. Im Jahr 2005 stellte die *New York Times* fest, es kämen »zum ersten Mal mehr Schwarze aus Afrika in die Vereinigten Staaten als zu Zeiten des Sklavenhandels«.

Diese rasche Expansion der afrikanischen Präsenz in den USA verändert die Schwarze Kultur. Über afrikanische Schriftsteller wie Chimamanda Ngozi Adichie und Dinaw Mengestu sind die Erfahrungen von Einwanderern zu einem Thema der Schwarzen Literatur geworden. Afrobeats-Künstler wie Burna Boy und Wizkid prägen den Hip-Hop, während afrikanische Einwanderer zunehmend auf dem Bildschirm zu sehen sind, sowohl als Charaktere als auch als Schauspieler, wie zum Beispiel LaKeith Stanfields Darius, ein nigerianischer Amerikaner der ersten Generation in der Erfolgsserie *Atlanta*, oder Aida Osman, eine eritreische Amerikanerin, die in dem neueren Film *Rap Sh!t* die Hälfte eines Rap-Duos aus Miami spielt.

Zugleich ist die neue afrikanische Präsenz in Amerika eine Quelle von Ängsten und Konflikten. Afrikaner, für die der amerikanische Rassismus nicht die zentrale Bezugsgröße für die Ausprägung ihres politischen Bewusstseins darstellt, wehren sich gegen ihre Einbindung in die amerikanische Rassenpolitik und nehmen sie übel. Sie fürchten auch die Distanz zwischen ihnen und ihren in Amerika geborenen Kindern, die sich eher mit den historischen und aktuellen politischen Kämpfen der Afroamerikaner identifizieren. Bei denen wiederum löst die wachsende Präsenz Schwarzer Einwanderer Besorgnis über die Verteilung der ohnehin knappen Ressourcen und Möglichkeiten aus.

So stellten protestierende Studenten 2017 an der Cornell-Universität die allgemeine Praxis infrage, die Kinder von Neueinwanderern in der demografischen Buchhaltung der Schule als Schwarze zu zählen. Sie forderten die Universität auf, »die Präsenz unterrepräsentierter Schwarzer Studenten zu erhöhen«, womit sie Schwarze Amerikaner meinten, »die seit mehreren Generationen (mehr als zwei) in diesem Land leben«. Im Extremfall könnte dies auf den Nativismus einer Organisation wie der American Descendants of Slavery hinauslaufen. Sie setzt sich für eine restriktivere Einwanderungspolitik ein und fordert Wiedergutmachung und

2 Carly Goodman, *Dreamland. America's Immigration Lottery in an Age of Restriction.* Chapel Hill: University of North Carolina Press 2023.

Fördermaßnahmen für Schwarze Amerikaner, die ihre Vorfahren auf versklavte Menschen in den Vereinigten Staaten zurückführen können – was andere ethnische Minderheiten, einschließlich der Nachkommen von Menschen, die anderswo versklavt wurden, ausdrücklich ausschließt.

Was es bedeutet, in den Vereinigten Staaten Schwarz zu sein, verändert sich mit der Zusammensetzung des Landes und mit der Aufarbeitung unserer Geschichte. Obwohl einige Veränderungen der Bedeutung von Blackness relativ neu sind, geht die Konstituierung der Schwarzen Identität durch das Zusammentreffen von Schwarzen unterschiedlicher ethnischer Herkunft mindestens bis zur vorletzten Jahrhundertwende zurück, als die ersten Einwanderer aus den West Indies in die Vereinigten Staaten kamen und sich hauptsächlich in Städten wie New York und Miami niederließen. Der Historiker Winston James hat ausführlich beschrieben, wie Neuankömmlinge aus der Karibik zur Radikalisierung der Schwarzen Politik in der Zwischenkriegszeit beitrugen. Ob in Marcus Garveys Universal Negro Improvement Association oder in sozialistischen und kommunistischen Versammlungen, diese Menschen hatten eine überragende Bedeutung, die sofort erkannt wurde.

In seinem ersten Buch, *The Last »Darky«*, beschäftigt sich Chude-Sokei mit den kulturellen Auseinandersetzungen zwischen »Schwarzen« und »Schwarzen« zu einem früheren Zeitpunkt der amerikanischen Geschichte anhand der Karriere von Bert Williams, einem Blackface-Darsteller von den Bahamas. Der 1874 in Nassau geborene Williams war schon in jungen Jahren in die Vereinigten Staaten ausgewandert und dort zu einem der erfolgreichsten Minstrel-Sänger des frühen 20. Jahrhunderts geworden. Chude-Soeki nimmt Williams' Auftritte zum Anlass, um über Assimilation und die Konstruktion eines universellen »Negro« oder einer Schwarzen Identität nachzudenken – »ein transzendentaler Negro«, eine Figur, die die »aufkommende schwarze Gegenglobalisierung, die der Panafrikanismus war«, repräsentieren würde. Für Williams bedeutete die Darstellung einer universellen Figur der Blackness, dass er seine eigene, karibisch geprägte Blackness bewusst unterdrückte.

Mehr als über die Haut fand die Verwandlung über die Stimme statt. »Die Stimme ist die Maske, wenn das Fleisch gleich aussieht«, schreibt Chude-Sokei. Durch das sorgfältige Studium und die Nachahmung von Südstaatendialekten präsentierte Williams das, was viele Kommentatoren, darunter auch Afroamerikaner, als eine »natürliche« Darstellung des »Südstaaten-Darky« bezeichneten. Abseits der Bühne behielt er seinen einheimischen Dialekt bei und bestand darauf, das afroamerikanische Englisch sei ihm so fremd wie das Italienische.

Über die eingehende Auseinandersetzung mit Williams gelangt Chude-Sokei zu der Überzeugung, dass das, was damals als universeller »Negro« galt, lediglich eine Iteration der Figur des Afroamerikaners war. Daraus ergeben sich weitreichende Rückfragen an die Kulturpolitik des Panafrikanismus. Verlangt die Forderung nach Einheit und Solidarität unter Schwarzen letztlich das Verwischen von Unterschieden und die Überhöhung einer bestimmten Erfahrung von Blackness?

Und wenn ja, wodurch ergibt sich, welche Erfahrung für das Ganze steht? Für Chude-Sokei ist die Vorherrschaft afroamerikanischer Stimmen und Erfahrungen eng mit der geopolitischen Dominanz Amerikas verbunden, die den Menschen innerhalb seiner Grenzen – selbst wenn sie marginalisiert sind – globale Sichtbarkeit beschert.

Etwas von dieser Struktur ist in der jüngeren Geschichte sichtbar. Der Polizistenmord an George Floyd in Minneapolis führte weltweit zu Massenprotesten, während ähnliche Fälle von Polizeigewalt in Brasilien und Nigeria, den beiden Ländern mit der größten Schwarzen Bevölkerung der Welt, nicht annähernd vergleichbar intensive globale Solidaritätsbekundungen ausgelöst haben. Das liegt zum einen daran, dass Nachrichten aus den Vereinigten Staaten viel eher in andere Länder gelangen, und zum anderen daran, dass das Streben der Afroamerikaner nach Emanzipation und Gleichberechtigung mittlerweile als stellvertretend für größere Kämpfe rassifizierter und kolonialisierter Völker in der ganzen Welt angesehen wird. Die These von Cousin Brian – »nur eine Schwarze Identität zählt« – belegt diese Ungleichheit der Aufmerksamkeit.

Der Gedanke, dass die Stimme differenziert, wo die Haut es nicht kann, zieht sich wie ein roter Faden durch Chude-Sokeis Werk. Sie taucht in der Diskussion über Akzente in *Floating in a Most Peculiar Way* auf, sie steht im Mittelpunkt von *The Sound of Culture*, in dem es um Rasse, Technologie und Humanismus geht. Schwarze Musik und insbesondere karibische Genres wie Dub inspirieren zu dieser Betrachtung. Dub, ein Ableger des Reggae, entstand in den 1970er Jahren und beinhaltet das Remixen von Original-Tracks durch Entfernen des Gesangs, Hinzufügen von Effekten wie Echo und Betonung von Schlagzeug und Bass, um einen neuen elektronischen Musikstil zu erzeugen. Dieser hochtechnologisierte Sound aus Jamaika und seiner Diaspora »mutierte und infizierte viele Richtungen der britischen Tanz- und Popmusik«, schreibt Chude-Sokei. Die jamaikanische Klangkultur beeinflusste auch direkt den Hip-Hop durch einen der Gründerväter des Genres, den in Jamaika geborenen Kool DJ Herc.

Die technologisierten Klänge der Karibik bilden einen Kontrapunkt zur Dominanz des afroamerikanischen Sounds. Darüber hinaus verweigern der Nachhall und die Fragmentierung des Dub die Behauptung »rassischer« Authentizität, die für den Reggae von zentraler Bedeutung war und den Panafrikanismus lange Zeit geprägt hat. In seinem Reich der Echos und Wiederholungen kann es weder eine Stimme noch eine universelle Erfahrung geben. Dub ist eine Klangcollage, die die afrikanische Diaspora mehr als kaleidoskopische und widersprüchliche Vielfalt denn als ein singuläres Ganzes präsentiert. Dasselbe lässt sich, über all seine Bücher hinweg, von Chude-Sokeis Werk sagen.

Aus dem Englischen von
Christian Demand und Ekkehard Knörer

Und noch einmal: Frantz Fanon

Von Andreas Eckert

Ein Körper in Bewegung

Im Sommer 1959 sandte Frantz Fanon, damals unter anderem für die Pressearbeit der algerischen Unabhängigkeitsbewegung Front de Libération Nationale (FLN) in ihrem Exil in Tunis verantwortlich, die Skizze seines geplanten Buchs »Im Jahr Fünf der algerischen Revolution« an seinen französischen Verleger François Maspero. Der reagierte verhalten: »Sind Sie sicher«, schrieb er Fanon, »dass in sechs Monaten noch alles gültig ist? Ist der Text noch zeitgemäß? Ich kann Ihnen meine persönlichen Zweifel daran nicht verhehlen.«

Zu diesem Zeitpunkt konnte Maspero nicht wissen, dass Fanon zwei Jahre darauf sterben und so die Gelegenheit, das formale Ende der französischen Herrschaft in Algerien zu erleben, um drei Monate verpassen würde. Und er konnte nicht das immense Interesse erahnen, das Fanons Werk noch mehr als sechs Jahrzehnte später in vielen Teilen der Welt hervorrufen würde, nicht zuletzt in den Vereinigten Staaten, einem Land, das Fanon einmal als ein Monster beschrieben hatte, »in dem die Defekte, die Krankheit und die Unmenschlichkeit Europas ein erschreckendes Ausmaß angenommen haben«.

Es war bittere Ironie, dass Fanon im Dezember 1961 ausgerechnet in einem Krankenhaus in der Nähe von Washington/D.C. seiner Leukämie erlag. Dass der amerikanische Geheimdienst CIA eine entscheidende Rolle dabei spielte, eine Krebsbehandlung für Fanon zu arrangieren, erklärt sich aus der Logik des Kalten Kriegs, der sich Fanon eigentlich immer dezidiert zu verweigern versucht hatte. Die USA wollten unbedingt verhindern, dass ein unabhängiges Algerien in das Lager der Sowjetunion überlief, und Fanon galt als sehr moskaukritisch. Er machte zudem kein Hehl aus seiner Abneigung gegenüber der Kommunistischen Partei Frankreichs. Fanon durchschaute das strategische Interesse des CIA durchaus, aber er war ein todkranker Mann, der schlicht die bestmögliche medizinische Versorgung wollte, die zu bekommen war. Ein Exemplar seines rasch zum Klassiker werdenden Buches *Die Verdammten dieser Erde* konnte er noch im Krankenbett in den Händen halten. Er wusste bereits um seine Krankheit und seinen nahenden Tod, als er das Manuskript seiner Sekretärin Marie-Jeanne Manuellan diktierte, die er sein »Tonbandgerät« nannte. Sie beschreibt in ihren Memoiren, wie Fanon, bevor ihn der Krebs niederstreckte, sein Buch gleichsam »schritt und sprach, aus dem Rhythmus seines sich bewegenden Körpers«.[1]

Ein Körper in Bewegung: Sein kurzes Leben führte ihn über drei Kontinente und mehrere, sich oft überschneidende Betätigungen: Soldat und Arzt, Dichter und Propagandist, Psychiater und Revolutionär. Der 1925 in der damaligen fran-

1 Marie-Jeanne Manuellan, *Sous la dictée de Fanon*. Coaraze: Editions de l'Amourier 2017. Sein Erstlingsbuch *Schwarze Haut, weiße Masken* (1952) hatte Fanon seiner Frau Josie diktiert, wobei er, wie Alice Cherki (*Frantz Fanon. Ein Porträt*. Hamburg: Nautilus 2002) schreibt, »wie ein improvisierender Redner hin und her ging; der Rhythmus des Körpers in Bewegung«.

zösischen Kolonie Martinique geborene Fanon war bereits vor seinem zwanzigsten Lebensjahr ein hochdekorierter Veteran der Freien Französischen Armee, veröffentlichte mit sechsundzwanzig Jahren sein erstes Buch und leitete eine psychiatrische Klinik, bevor er dreißig wurde. Angesichts seines zwar kurzen, aber rasanten und komplexen Lebens verwundert es nicht, dass Fanon zu einem unwiderstehlichen Sujet für Biografen wurde. Sie haben sich allerdings häufig auf bestimmte Aspekte seines Lebens und Werks konzentriert und diese vertieft.

Alice Cherki, die in Algier aufwuchs und aktiv gegen die französische Kolonialherrschaft kämpfte, kannte Fanon persönlich durch die gemeinsame Arbeit in der von ihm geleiteten psychiatrischen Klinik in Blida. Sie situiert Fanons Engagement im algerischen Befreiungskampf und porträtiert ihn als scharfsinnigen Analytiker des subtil fortwirkenden Traumas des Kolonialismus. David Maceys vorzügliche Biografie hebt die Bedeutung von Fanons Erfahrungen in Martinique hervor und konzipiert sein Buch als Korrektur des »angloamerikanisierten Fanon«, der seit den achtziger Jahren die akademische Forschung prägte, die ihn nicht zuletzt als wichtigen Theoretiker feierte.[2] Jean Khalfa und Robert J. C. Young veröffentlichten eine Sammlung seiner bisher unveröffentlichten Schriften, darunter zwei Theaterstücke, die Fanon in seinen frühen Zwanzigern geschrieben hatte, sowie eine Fülle von klinischen Schriften.[3]

Und schließlich ist Fanon zuletzt auch der Protagonist einer Graphic Novel, deren Rahmen die in weiten Teilen imaginierte Reinszenierung einer leidenschaftlichen Debatte bildet, die er im August 1961 in einer Hotelbar in Rom über drei Tage mit Jean-Paul Sartre (und teilweise mit Simone de Beauvoir und Claude Lanzmann) geführt hat.[4] Diesem Band gelingt es auf überzeugende Weise, das langsame politische Erwachen Fanons mit spezifischen historischen Erfahrungen zu verbinden: der europäischen Siedlerherrschaft, der auf Rassismus beruhenden Stratifikation der Gesellschaft, wie sie Fanon etwa als Soldat der französischen Kolonialarmee erfahren hatte, seiner Hinwendung vom Studium der Philosophie zu seinem vertieften Interesse an psychiatrischen Erkrankungen, seinem Leben als Student in Lyon, schließlich seiner Entscheidung, als Psychiater in der Nähe von Algier zu praktizieren, wo er glaubte, seine Tätigkeit könnte von größerem Nutzen sein als in Frankreich oder der Karibik.

Der ganze Fanon?

Adam Shatz, der nordamerikanische Herausgeber der *London Review of Books*, bearbeitet mit seiner Biografie also ein bereits gut beackertes Feld.[5] Doch angesichts des anhaltenden Einflusses Fanons, vom Seminarraum über die sozialen Medien bis hin zu den Straßen, und der häufig allzu oberflächlichen Lektüre seiner

2 David Macey, *Frantz Fanon. A Life*. London: Granta Books 2000.

3 *Frantz Fanon. Alienation and Freedom.* Hrsg. v. Jean Khalfa u. Robert J. C. Young. London: Bloomsbury 2018.

4 Frédéric Ciriez / Romain Lamy, *Frantz Fanon*. Aus dem Französischen von Michael Adrian. Hamburger Edition 2021.

5 Adam Shatz, *The Rebel's Clinic. The Revolutionary Lives of Frantz Fanon*. New York: Farrar, Straus & Giroux 2024.

Schriften spricht wenig gegen einen weiteren Versuch, die Geschichte dieses außergewöhnlichen Lebens zu erzählen und zu kontextualisieren. Eine wichtige Quelle für Shatz' Studie bildeten Gespräche mit Vertrauten Fanons, darunter Marie-Jeanne Manuellan, die sich einmal beschwerte, dass Fanon zu oft »in kleine Stücke zerschnitten« würde und die Versuche, einen Teil der Person und seines Werks zu isolieren, »das unauflösliche Ganze« nicht zu erfassen erlaubten.

Ob Shatz das unauflösliche Ganze Fanons adäquat einzufangen vermag, sei einmal dahingestellt. In jedem Fall gelingt ihm eine substantielle und differenzierte Darstellung der Kontexte, in denen Fanon in den verschiedenen Phasen seines Lebens agierte. Die Person hingegen bleibt nach der Lektüre weiter schwer fassbar. So lässt sich *The Rebel's Clinic* am besten als intellektuelle Biografie Fanons und seines Umfelds bezeichnen, die wichtige Fragen sowohl zu seinen Aktivitäten im Prozess der Dekolonisation als auch zu Fanon als Theoretiker aufwirft.

In diesem Zusammenhang betont Shatz zwar Fanons anhaltenden Einfluss, verweist jedoch zugleich darauf, dass »die Welt, in der wir leben, nicht Fanons Welt« sei. Er macht aus seiner Bewunderung keinen Hehl, fügt allerdings hinzu, dass diese Bewunderung nicht uneingeschränkt sei und er keinen Beitrag zu Fanons Heiligsprechung leisten wolle. Die ersten Kapitel seines Buchs spult der Autor routiniert ab, liefert dabei allerdings nicht viel Neues: Er beschreibt Kindheit und Jugend auf Martinique, Fanons Kriegserfahrungen – er floh von seiner vom Vichy-Regime kontrollierten Heimatinsel, schloss sich der Armee des Freien Frankreichs an, wurde bei der alliierten Invasion Frankreichs verwundet und erhielt sein Kriegsverdienstkreuz ausgerechnet aus den Händen von General Raoul Salan, der sich bald darauf als einer der Hardliner im Algerienkrieg erweisen sollte, sowie seine Zeit als Medizinstudent in Lyon. Fanon entschied sich, schreibt Shatz, bewusst gegen das vibrierende »schwarze Paris« und ging in das triste Nachkriegs-Lyon, um sich »selbst zu erfinden und vor allem als Selfmademan gesehen zu werden; eine Illusion, sicher, aber eine weit verbreitete«.

Mit den Abschnitten zu Fanons Tätigkeit als Psychiater nimmt das Buch an Fahrt auf. 1953 ging er nach Algerien, um die Leitung einer psychiatrischen Klinik in Blida-Joinville zu übernehmen. Der Titel von Shatz' Buch verweist auf eine Seite Fanons, die oft durch das überlebensgroße Bild des eifrigen Partisanen in den Hintergrund gedrängt wird: die des fürsorglichen Arzts, der in seiner täglichen Praxis als Psychiater und schließlich als Leiter einer geheimen Klinik für algerische Rebellen ein akribischer, fleißiger Reformer war.[6] »Er behandelte die Folterer am Tag und die Gefolterten in der Nacht«, erinnerte sich ein Kollege. Die Krankenschwestern in Blida hatten großen Respekt vor ihm, empfanden die Arbeit unter ihm wegen seiner Reizbarkeit und seiner Wutausbrüche jedoch oft als höllisch.[7]

Fanons Engagement für den algerischen Widerstand gegen die französische Herrschaft war ebenfalls leidenschaftlich, und doch blieb er in vielen Hinsichten ein Außenseiter mit geringen Kenntnissen hinsichtlich zentraler Aspekte der algerischen Kultur und Gesellschaft, vor allem was den Islam betraf.[8] *Die Verdammten dieser Erde* muss vor dem Hintergrund der Entwicklungen in Algerien nach 1945 gelesen werden. Seine berühmte Äußerung, die Kolonialgesellschaft sei eine manichäische Gesellschaft, wurde häufig als zutreffende Beschreibung von Kolonialismus wahrgenommen.[9]

Die algerische Gesellschaft zu Fanons Zeiten war jedoch keineswegs nur in zwei, sondern in zahlreiche Fraktionen gespalten. Nach dem Zweiten Weltkrieg konnten muslimische Algerierinnen und Algerier als rechtmäßige Bürger in die französische Metropole einwandern. Sie wurden als Arbeitskräfte benötigt, sahen sich zugleich jedoch mit Diskriminierung, Bigotterie und Ausbeutung konfrontiert. In Algerien selbst nutzten die Siedler weiterhin ihre angestammten Bürgerrechte, um Muslime an der Ausübung ihrer Rechte zu hindern. Die im Land grassierende

6 Zur Bedeutung Fanons für das Verständnis psychischer Leiden im kolonialen Kontext vgl. die Beiträge in Hubertus Büschel / Nancy Rose Hunt (Hrsg.), *Psychiatric Contours. New African Histories of Madness*. Durham: Duke University Press 2024.

7 Peter Geismar, *Fanon*. New York: The Dial Press 1971.

8 Fouzi Slisli, *Islam: The Elephant in Fanon's The Wretched of the Earth*. In: *Critique: Critical Middle Eastern Studies*, Nr. 17/1, Januar 2008.

9 Eine substantielle Kritik an dieser Sicht Fanons auf den Kolonialismus findet sich besonders dezidiert bei Frederick Cooper, *Conflict and Connection: Rethinking African Colonial History*. In: *American Historical Review*, Nr. 99/5, Dezember 1994. Vgl. Andreas Eckert, *Predigt der Gewalt? Betrachtungen zu Frantz Fanons Klassiker der Dekolonisation*. In: *Zeithistorische Forschungen*, Nr. 1, 2006.

Armut und Ausbeutung durch die Siedler, verknüpft mit der brutalen Unterdrückung durch den französischen Staat seit Beginn des Befreiungskriegs im Jahr 1954, führten dann häufig zu jener Dichotomie, die Fanon als konstitutiv für den Kolonialismus ansah.

Gleichwohl konnte Frankreich muslimische Algerier, die sogenannten Harkis, für den Kriegsdienst rekrutieren. Auch viele andere bewegten sich in einem großen Spektrum von Positionen »dazwischen«. In einigen Passagen von *Die Verdammten* wird deutlich, dass sich Fanon der Komplexität der Kolonialgesellschaft durchaus bewusst war. So stand er bürgerlichen Nationalisten feindselig gegenüber, blieb aber auch skeptisch angesichts des politischen Engagements der einheimischen Arbeiterschaft. Seine Vorstellung einer zwiegespaltenen Kolonialgesellschaft lässt sich daher als Versuch lesen, diese Gesellschaft erst als manichäisch zu konstruieren, ambivalente Positionen zu beseitigen und eine Situation zu schaffen, in der man sich nur entweder auf der einen oder der anderen Seite befinden konnte. Überdies ging es ihm darum, eine Nationalkultur zu entwickeln, die sich vornehmlich durch ihre historische Aufgabe definierte, den Kolonialismus zu überwinden.[10]

Vor diesem Hintergrund betrachtete Fanon die revolutionäre Gewalt als »Entgiftung« der im Kolonialismus entstandenen Minderwertigkeitskomplexe, die zur Herausbildung einer echten Nation führen würde. Shatz verweist aber auch auf einige Episoden, die keineswegs im Einklang mit der so oft mit Fanon – von Verehrern wie von Kritikern – in Verbindung gebrachten reinigenden Kraft antikolonialer Gewalt standen. So war er als einer der Sprecher der FLN daran beteiligt, deren blutige Angriffe auf algerische Dorfbewohner zu verschleiern, die eine konkurrierende politische Gruppierung unterstützt hatten. Und er half, die Ermordung seines Freundes und Genossen Abane Ramdame durch rivalisierende Mitglieder der FLN-Führung, die dessen Popularität und Unabhängigkeit argwöhnisch verfolgten, zu vertuschen.

Folgen wir Alice Cherki, hatte Fanon nicht nur einen engen Freund verloren. Dessen Tod habe »auch die Aushöhlung des revolutionären Mandats des Befreiungskrieges offenbart«. Ob das nun zutrifft oder auch nicht: Fanon hat nie vor der strategischen Notwendigkeit zurückgeschreckt, die Einheit der Revolution zu schützen oder ihren Rückgriff auf gewaltsame Methoden zu verteidigen. In einer Rede in Ghana im Dezember 1960 verkündete er sogar »Wir hatten Verräter, die wir liquidiert haben«, und führte diese Tatsache als Beispiel für den unbeugsamen algerischen Willen zur Unabhängigkeit an.

War Fanon ein »Partisan der Gewalt, der sich vor Gewalt graute«, wie Simone de Beauvoir nach ihrer Begegnung mit ihm vermutete? Es trifft sicher zu, dass Sartres gewaltbesoffenes Vorwort zu *Die Verdammten dieser Erde* bei einer Vielzahl allzu eiliger Leserinnen und Leser zu der in der Forschung oft beklagten sehr verengten Perspektive auf Fanons Umgang mit Gewaltfragen geführt hat. Dabei sei es, schreibt Kwame Anthony Appiah, für

10 Frederick Cooper, *Understanding Power Relations in a Colonial Context: Top-Down, Bottom-Up, In-Between / Machtbeziehungen in kolonialen Kontexten: Initiativen von oben, von unten und dazwischen*. Köln: Fritz Thyssen Stiftung 2024.

viele Fanon-Forscher »nach wie vor ein unumstößliches Credo, dass er persönlich Gewalt verabscheut habe«.[11] Appiah verweist jedoch auf einige jüngere Veröffentlichungen, die argumentieren, dass sich Fanons Gleichsetzung von Selbstachtung und Gewalt auch durch sein Privatleben gezogen habe. Er bezieht sich dabei vor allem auf die Studie des in Pittsburgh lehrenden Diasporaforschers Félix F. Germain, dem der aus Benin stammende Dichter Paulin Joachim, ein Bekannter Fanons, mehrere Vorfälle schilderte, bei denen Fanon im Verlauf eines Streits seine Frau Josie schlug, »um sie zu demütigen«.[12] Shatz hingegen vermeidet, wie die meisten Fanon-Biografen, Verweise auf häusliche Angelegenheiten.

Fanon als Theoretiker

Das Etikett des »Theoretikers der algerischen Revolution« wird Fanon bis heute häufig angeheftet.[13] Viele seiner algerischen Weggefährten insistierten jedoch, die algerische Revolution habe den Denker Fanon erst hervorgebracht und nicht andersherum.[14] Bezeichnend dafür ist die Reaktion von Rédha Malek, dem späteren Premierminister Algeriens, der zusammen mit Fanon in den 1950er Jahren für die FLN-Zeitung *El Moudjahid* federführend tätig war, auf eine Anfrage von François Maspero, der 1963 einen Band mit publizistischen Beiträgen Fanons zusammenstellen wollte.

Malek zeigte sich verärgert darüber, dass der französische Verleger den zutiefst kollaborativen Charakter der Zeitung ignoriert habe. Er belehrte Maspero, dass *Die Verdammten* eine Fortsetzung jener Themen repräsentierte, die das Herausgeberteam in den Jahren des antikolonialen Kampfs gemeinsam debattiert habe. Malek fügte hinzu, er wolle keineswegs Fanons Beitrag leugnen, es sei jedoch wichtig, »ihn in den konkreten Kontext zu stellen, in den er sich auf so wunderbare Weise integriert hat«. Maleks Betonung des kollektiven Charakters von Fanons Werk – und seiner Verwurzelung im konkreten Kampf – wurde von Fanon selbst explizit bestätigt, als er am Ende seines Lebens in öffentlichen Reden oft den Ausdruck »wir Algerier« verwendete.

Malik warnte zu Recht davor, Fanons Werk von der Praxis der algerischen Revolution zu trennen. Er widerstand auch der Versuchung, ihn als »Theoretiker« der algerischen Revolution zu bezeichnen. Ihn so zu sehen, war eine verbreitete Haltung unter den algerischen Intellektuellen und

11 Kwame Anthony Appiah, *Befreiungspsychologie. Frantz Fanon und der Glaube an Gewalt als Therapie*. In: *Merkur*, Nr. 877, Juni 2022.

12 Félix F. Germain, *Decolonizing the Republic. African and Caribbean Migrants in Postwar Paris, 1946–1974*. East Lansing: Michigan State University Press 2016; für eine feministische Kritik von Fanons Werk vgl. T. Denean Sharpley-Whiting, *Frantz Fanon. Conflicts & Feminisms*. Lanham: Rowman & Littlefield 1998.

13 Vgl. dazu etwa einige der auf Algerien bezogenen Texte in Frantz Fanon, *Für eine afrikanische Revolution. Politische Schriften* (Berlin: März Verlag 2022) sowie Fanon, *L'an V de la révolution algérienne* [1959] Paris: La Découverte 2011.

14 Für die folgenden Ausführungen vgl. Muriam Haleh Davis, *The US Academy and the Provincialization of Fanon*. In: *Los Angeles Review of Books* vom 9. November 2022 (lareviewofbooks.org/article/the-us-academy-and-the-provincialization-of-fanon/).

Genossen, die jedoch merkwürdigerweise in den meisten Diskussionen über Fanon nicht zu Wort gekommen sind. Auch der etwa in angloamerikanischen Debatten verbreiteten Tendenz, Fanon als Vertreter eines radikalen Bruchs mit der europäischen Philosophie zu preisen, haben einige algerische Denker energisch widersprochen. Mohamed El-Mili, der mit Fanon und Malek bei *El Moudjahid* zusammenarbeitete und islamisch-modernistischen Kreisen nahestand, betonte, dass Fanons säkularer Humanismus der französischen Linken viel näherstehe als den Ideologien einiger seiner algerischen Weggefährten. 1971 rügte El-Mili Fanon in einem auf Arabisch publizierten Text für seinen Glauben, dass die Entkolonialisierung einen sauberen Bruch mit der Vergangenheit darstellen könne. Er spekulierte, dass »Fanon eine andere Position eingenommen hätte, wenn er ein Muslim gewesen oder von der arabischen oder islamischen Kultur durchdrungen gewesen wäre«.

Für El-Milli und andere Intellektuelle in Algerien war – trotz ihrer oft sehr unterschiedlichen ideologischen Ausrichtungen – der algerische Nationalismus eine Folge langjähriger, in der Kultur und Sprache verwurzelter Traditionen. Sie betonten, dass Fanon sich geirrt habe, als er vorhersagte, dass in einem unabhängigen Algerien ein wirklicher Neuanfang möglich sein könnte. Sie glaubten zudem, dass Fanon – trotz seines Antikolonialismus – ein Produkt der französischen Linken gewesen sei, aber dank seiner Zeit in Algerien die Begrenztheit von deren Perspektive erkannt habe.

Der amerikanische Kunsthistoriker Todd Cronan fordert sogar, Fanon aus dem Theorieregal auszusortieren und ihn »in die Welt der organisatorischen Praxis zurückzuversetzen«.[15] Er kritisiert, dass zu viele Kommentare zu Fanon die höchst instabile historische und politische Situation, unter der sein Werk geschrieben wurde, ignorierten und stattdessen versuchten, eine tragbare Theorie des Kolonialismus oder der Rasse aus seinen Seiten zu extrahieren. Fanon habe es jedoch ausdrücklich abgelehnt, eine Theorie außerhalb eines bestimmten Handlungskontexts zu verfolgen. In einem Brief an die französische Linke erklärte er: »Wir haben uns geweigert, uns von der Fata Morgana der Theorien einfangen zu lassen«, einer leeren »Theorie ohne praktische Wirkung«.[16] Trotz der anhaltenden Bemühungen, Fanon zu einem universellen Theoretiker des Postkolonialismus und von *Race* zu machen, wäre es, so Cronan, besser, ihn als an einem sich verändernden historischen und politischen Prozess beteiligten Akteur zu sehen, »wobei sein Denken eine konkrete Reihe von Umständen reflektiert und lenkt«.

Wer hat Angst vor Frantz Fanon?

Es überrascht nicht wirklich, dass die mörderischen Attacken der Hamas und der Krieg in Gaza sowohl Fanon-Fans als auch seine Verächter mobilisiert haben. In einer Reihe von Stellungnahmen und Denkanstößen wurde etwa versucht, zu erörtern,

15 Todd Cronan, *Fanon Can't Save You Now*. In: *Los Angeles Review of Books* vom 22. März 2021.

16 Zit. n. Azzedine Haddour, *Fanon, the French Liberal Left and the Colonial Consensus*. In: *Nottingham French Studies*, Nr. 54/1, März 2015.

wie Fanons umstrittene Theorien über Gewalt und Dekolonisierung auf die Hamas-Anschläge anzuwenden seien.

In einer Erklärung vom 9. Oktober 2023 mit dem Titel *Oppression Breeds Resistance* zitierten Studentengruppen der New Yorker Columbia University Fanon: »Wenn wir uns auflehnen, dann nicht für eine bestimmte Kultur. Wir revoltieren einfach, weil wir aus vielen Gründen nicht mehr atmen können.« Ein Meinungsartikel des palästinensischen Autors Nicki Kattoura und des amerikanischen Politikwissenschaftlers Geo Mahler in *Middle East Eye* vom 9. November 2023 schloss mit einem weiteren Zitat: »Für die Palästinenser in Gaza und darüber hinaus, für die Elenden unserer gemeinsamen Erde, wie für Fanon, ›ist der Kampf die einzige Lösung‹.«

Konservative Stimmen verbinden dagegen ihr nach dem 7.Oktober noch einmal massiv verstärktes Postkolonialismus-Bashing regelmäßig mit einer scharfen Verurteilung Fanons und seiner enthusiastischen Interpreten. Der Journalist Eli Lake etwa beklagte: »Dieser Fanonismus, der heute in der akademischen Welt so populär ist, wird benutzt, um die Vernichtungsrhetorik gegen den einzigen jüdischen Staat und gegen Juden überall auf der Welt zu rechtfertigen.« Und der Psychologe Jonathan Haidt von der New York University verkündete, dass sich der Aufstieg des Antisemitismus an amerikanischen Hochschulen durch die Popularität der »schlichten Unterdrücker/Opfer-Terminologie des postkolonialistischen Denkers Frantz Fanon« erklären lasse.[17]

Nur wenige Wochen nach dem Überfall der Hamas publizierte Adam Shatz einen Essay in der *London Review of Books*, in dem er Israels Angriffe auf Gaza scharf kritisierte. Zugleich nahm er die »perverse ethnisch-tribalistische Fantasie« einer dekolonialen Linken aufs Korn, die Fanon zur Rechtfertigung der Massentötungen und Zerstörung israelischer Gemeinden benutzt.[18] Und er erinnerte an eine Passage aus dem zweiten Kapitel in Fanons *Die Verdammten dieser Erde*, die nur wenige seiner späteren Bewunderer zitiert haben. Allein Rassismus, Hass, Ressentiments und der legitime Wunsch nach Rache, heißt es darin, könnten »keinen Befreiungskrieg« begründen: »Diese Bewusstseinsblitze, die den Körper in eine Zone der Turbulenz stürzen, die ihn in einen geradezu pathologischen Traumzustand versetzen, in dem der Anblick des Anderen Schwindelgefühle auslöst, in dem mein Blut nach dem Blut des Anderen ruft, dieser leidenschaftliche Ausbruch in der Anfangsphase zerfällt, wenn er sich selbst überlassen wird. Natürlich bringen die zahllosen Übergriffe der kolonialistischen Kräfte wieder emotionale Faktoren in den Kampf ein, geben den Kämpfern weiteren Anlass zum Hass und neue Gründe, sich auf die Suche nach einem ›Kolonisten, den man töten muss‹ zu machen. Aber Tag für Tag werden die Führer erkennen, dass Hass kein Programm ist.«

Shatz hebt Fanons Überzeugung hervor, dass antikoloniale Kämpfer Rachereflexen gerade nicht nachgeben dürften. Um eine effiziente Bewegung organisieren

17 Jon Haidt, *Why Antisemitism Sprouted so Quickly on Campus*. In: *After Babel* vom 21. Dezember 2023 (www.afterbabel.com/p/antisemitism-on-campus).

18 Adam Shatz, *Vengeful Pathologies*. In: *London Review of Books* vom 2. November 2023.

zu können, hätten sie stattdessen die besondere Qualität entwickeln müssen, die Martin Luther King (Reinhold Niebuhr zitierend) eine »spirituelle Disziplin gegen das Ressentiment« genannt hat. Darum umfasste Fanons Vision der Entkolonialisierung nicht nur kolonisierte Muslime, sondern auch Angehörige der europäischen Minderheit sowie Juden (von denen 1954 etwa 150000 in Algerien lebten, viele von ihnen, auch Alice Cherki, stammten aus Familien, die seit der Römerzeit dort ansässig waren), sofern sie sich dem Kampf für die Befreiung anschlossen. In *L'an V de la révolution algérienne* zollte er den Nichtmuslimen in Algerien, die sich eine gemeinsame Zukunft mit ihren muslimischen Kameraden vorstellten, in der die algerische Identität und Staatsbürgerschaft durch gemeinsame Ideale und nicht durch ethnische Zugehörigkeit und Glauben definiert werden sollten, emphatische Anerkennung.

Appiah behauptet in Bezug auf Fanons Vorstellungen eines unabhängigen Algerien, dieser habe viele Dinge nicht wahrhaben wollen, über die er sich eigentlich durchaus im Klaren war. Es kam jedenfalls anders, als er in seinen Schriften und Reden erhofft hatte. Als die Unabhängigkeit erreicht war, erklärte Algerien prompt, niemand könne Staatsbürger sein, der nicht auch Muslim sei. Auf den Sieg über Frankreich folgte unmittelbar ein Bürgerkrieg unter den verschiedenen Fraktionen der Unabhängigkeitsbewegung. Algeriens neue Regierung erwies sich als autoritär und unfähig, den versprochenen sozialen Wandel zu gestalten.

In den 1990er Jahren erschütterte ein erbitterter Krieg zwischen religiösen Gruppen und einem repressiven Staatsapparat das Land. Es ist sehr unwahrscheinlich, dass Fanon hier einen Platz gefunden hätte. Eine zentrale Botschaft von Shatz' Buch lautet, dass Fanon lesen und mit Fanon denken heißt, Ambivalenzen zu ertragen. Aber diese Fähigkeit ist, wie nicht nur die Debatten über Gaza zeigen, leider völlig aus der Mode gekommen.

Fluch der Macht

Von Albrecht Koschorke

I

Es wird berichtet,[1] dass in alten Zeiten der Kaiser von Japan gezwungen war, jeden Morgen mehrere Stunden unbewegt, die schwere Krone auf dem Kopf, in seinem Palast zu sitzen, um die kosmische Stabilität seines Reiches zu garantieren. Auch afrikanische Könige unterlagen strengen Beschränkungen. Sie mussten, oft in glühender Hitze, bei endlosen Zeremonien ausharren, hatten ihre Tage an abgeschiedenen Orten zu verbringen und durften kaum je den Fuß in die Behausung anderer Sterblicher setzen. Gefangen in der Pflicht, symbolische Handlungen zu verrichten, waren sie vom Alltagsleben ihrer Mitmenschen abgeschnitten. So führten sie, obwohl mit höchsten Würden versehen, ein glückloses Leben. Ging alles gut, verbrachten sie ihre Tage in eintöniger Isolation. Waren aber ihre Untertanen unzufrieden mit ihnen, wandten sie sich von ihnen ab und schreckten nicht davor zurück, sie hart zu bestrafen. Erst erwartete man von ihnen, dass sie Wunder vollbringen, kurz darauf behandelte man sie wie Verbrecher.

1 James George Frazer, *The Golden Bough. A Study in Magic and Religion*. Part II: *Taboo and the Perils of the Soul*. London: MacMillan 1911.

Mitunter wurde die Strafe sogar vorsorglich verabreicht. James George Frazer, der um 1900 das völkerkundliche Wissen seiner Zeit in einem monumentalen Werk zusammenführte, überliefert die Geschichte eines Königs in Sierra Leone, der am Vorabend der Krönungszeremonie derartig verprügelt wurde, dass er den Antritt seiner Amtszeit nur um ein Weniges überlebte. Solche Grausamkeiten führten dazu, dass in manchen Gegenden geeignetes Führungspersonal kaum noch zu finden war. Ins Amt gebracht wurden infolgedessen oft nicht die fähigsten, sondern missliebige Kandidaten, denen man es durch Beförderung nach oben heimzahlen wollte.

Es macht Mühe, bei diesen Schilderungen nicht an die heutige politische Klasse zu denken, speziell die Ampelkoalition. Mag das Bild eines in Zeremonien eingeschnürten Kleinkönigs, der sonst nichts zu bestimmen hat, an den deutschen Bundespräsidenten erinnern, so trifft das Schicksal von Mächtigen, die erst in den Himmel gehoben und dann fallengelassen werden, eher auf Olaf Scholz und Robert Habeck zu. Schon lange fragt man sich, wer es sich unter diesen Umständen überhaupt noch antun will, Regierungsverantwortung zu übernehmen.

In seiner Schrift *Totem und Tabu* hat Sigmund Freud Frazers Berichte aufgegriffen und psychoanalytisch ausgedeutet. Wie bei Freud nicht anders zu erwarten, sah er hinter dem ambivalenten Verhältnis der Untertanen zu ihrem Herrscher das Bild des Vaters aufscheinen, der gleichzeitig Objekt der Bewunderung und Ziel feindseliger Regungen ist. Freud erkannte in den von Ethnologen beschriebenen Meidungsvorschriften das Verhalten der Neurotiker wieder, die er in seiner Wiener Praxis therapierte. In beiden Fällen bestand seiner Auffassung nach der widersprüchliche Handlungssinn in einem uneingestandenen Ausleben von Feindseligkeit.

Wie die Neurotiker sich in ihren Zwangshandlungen auf verquere Weise den Wunsch erfüllten, gegen den sie ihre ängstlichen Zwänge aufrichteten, so hätten auch die Tabus, mit denen die afrikanischen »Wilden« ihren König umstellten, eben der kollektiven Aggression Ausdruck verliehen, vor der sie den Herrscher angeblich schützen sollten. Etwas Ähnliches wäre über die Wähler in heutigen Demokratien zu sagen, wenn sie ihren politischen Repräsentanten die Schalthebel der Macht an die Hand geben, nur um sie kurz darauf wegen ihrer Abgehobenheit zu beschimpfen, am liebsten gleich wieder zum Teufel zu jagen und so ein Zustimmungsklima für tatsächliche Gewalttätigkeiten zu schaffen.

2

Besteht also die treibende Kraft hinter dem Aufbegehren gegen die jeweiligen Amtsinhaber in einer verhehlten Lust am Vatermord? Freuds analytisches Vokabular bietet noch eine andere Denkmöglichkeit. In Demokratien werden der Idee nach diejenigen mit Entscheidungsbefugnissen betraut, in denen sich der Wählerwille verkörpert glaubt. Es sind also im Verhältnis zu den gewählten Repräsentanten immer Anteile des Eigenen mit im Spiel. Doch dieses Eigene wird von inneren Widersprüchen durchzogen. In der Ambivalenz gegenüber den Herrschenden kommt mithin die innere Zerrissenheit des Wählerwillens zum Ausdruck: zwischen der Beauftragung von Entscheidungsträgern und der Rebellion gegen sie.

Schon rein strukturell sind Wähler in sich gespaltene Wesen. Ihr Wille teilt sich in politische Erwartungen als Bürger und individuelle Bedürfnisse als Privatpersonen – nach einer älteren Terminologie in ihren symbolischen Status als Citoyen und ihre Lebenswirklichkeit als Bourgeois. In ihrer staatsbürgerlichen Rolle berufen sie politische Stellvertreter ins Amt, damit notwendige Richtungsentscheidungen durchgesetzt werden. Als Privatpersonen sehen sie dagegen oft ihren Besitz und Lebenszuschnitt von solchen Entscheidungen bedroht.

In Zeiten eines beschleunigten Wandels von Lebensweisen und Wertorientierungen steigt die Anzahl der Widersprüche, die daraus erwachsen. Manche haben fast schon sprichwörtlichen Charakter: Als verantwortungsbewusster Bürger will ich den Klimawandel bekämpfen, als Urlauber auf Flugreisen nicht verzichten; nach der einen Seite hin Ressourcen sparen und den globalen Güterverkehr reduzieren, nach der anderen weiter unbesorgt Konsument sein; auf erneuerbare Energien umsteigen, aber ohne Windräder vor dem Wohnzimmerfenster; Tierwohl, aber Billigfleisch. Sobald abstrakte Imperative sich in fühlbare Realitäten verwandeln, regt sich Widerstand auch bei denen, die sie eigentlich fordern.

Oft findet dieser Widerspruch seine Auflösung darin, dass man den Zorn gegen die unzulängliche Umsetzung der betreffenden Maßnahmen richtet, siehe Heizungsgesetz. Aber selbst wenn man politische Fehler und technische Komplikationen in Rechnung stellt, die sich mit wachsender Größe und Dringlichkeit der zu bewältigenden Aufgaben naturgemäß häufen, ist das letztlich nur ein Nebenschauplatz. Er bietet den scheinbaren Ausweg, zwar die Notwendigkeit von Veränderungen zuzugestehen, sich ihnen aber in jedem konkreten Fall zu widersetzen.

Dieses opportunistische Spiel beherrscht einen Großteil der öffentlichen Debatte, in der wechselweise die Verschleppung oder die Übereilung von Reformen kritisiert wird. Doch der Streit um einzelne Maßnahmen verstellt den Blick auf das darunter liegende, grundsätzlichere Problem. Es besteht darin, dass in Situationen von erhöhtem sozialem Stress die beiden Seiten der Wählerpersönlichkeit, Citoyen und Bourgeois, sowohl auf kollektiver wie auf individueller Ebene in einen zunehmend unversöhnlichen Gegensatz miteinander geraten – in letzter Konsequenz in eine Art von innerem Bürgerkrieg.

Kollektiv manifestiert sich die Spaltung des politischen Souveräns demokratischer Gemeinwesen in der Spreizung der Parteienlandschaft zwischen Positionen, die den Imperativ politischer Vernunft zu verkörpern behaupten, und den Sammelbewegungen derjenigen, die sich davon überfordert, benachteiligt und bevormundet fühlen. Mit Blick auf die Umweltkatastrophe, die man als das objektiv überlebenswichtigste Thema ansehen muss, schlägt sich dies in der derzeitigen deutschen Parteienlandschaft vor allem als Polarität zwischen Grünen und AfD nieder. Von der einen Seite artikuliert sie sich in einer Mischung aus Unverständnis und Verachtung, von der anderen als Ressentiment oder offener Hass. Je stärker solche Polarisierungen sind, desto schwieriger wird es überdies in den mittleren Regionen des politischen Spektrums, zu einem mehrheitsfähigen und stabilen Konsens zu finden.

Die gewachsene Spannung zwischen den Positionen wirkt sich jedoch auch auf individueller Ebene aus. Sie vervielfacht sich in einem jeden Einzelnen, wenn auch mit ungleichen Anteilen, heimsuchenden Dilemma. Von der eher kleinen Zahl totaler Klimaleugner abgesehen, wird kaum ein Wahlbürger die Vordringlichkeit umweltpolitischer Maßnahmen insgesamt in Abrede stellen; hier meldet sich sozusagen der »innere Grüne«. Aber ihm steht der »innere Normalmensch« gegenüber, der sich davon in seiner Lebensweise nicht beeinträchtigen lassen will und deshalb verharmlosenden Lagebeschreibungen zuneigt; daraus schlagen Parteien wie die AfD oder die Republikaner in den USA politisches Kapital.

Ähnliche Dilemmata ergeben sich auch auf anderen Feldern, die zwischen progressiven und konservativ-revisionistischen Positionen umkämpft sind. Die Progressiven sehen sich, in der typischen Mission von Reformern, als Treuhänder der Zukunft an; die Konservativen richten den Blick auf die Zumutungen, die mit forcierten Veränderungen einhergehen. Auch dies schlägt sich in einem inneren Interessenkonflikt nieder, je nachdem, auf welche Zeitspanne des eigenen Lebens und des Lebens der nachfolgenden Generationen man blickt.

3

Sich derart gespalten zu fühlen lässt eine quälende Anspannung entstehen. Sie produziert Effekte, die in einem einfachen Schema von politischer Repräsentation nicht unterzubringen sind. Klassische Demokratietheorien kreisen um die Frage, ob und wie sich die Zusammensetzung des Wahlvolks angemessen in den Repräsentativkörperschaften abbilden lässt.[2] Forderungen nach breiterer Teilhabe und Diversität, wie sie in jüngster Zeit verstärkt erhoben werden, machen es noch schwieriger, entsprechende Erwartungen zu erfüllen, weil immer mehr Wählergruppen sich eigens repräsentiert sehen wollen. Umso entschiedener bestehen auch sie auf dem Ideal einer weitgehenden Gleichgestimmtheit zwischen den Wählern und ihren jeweiligen Vertretern.

Aufs Ganze betrachtet spielen sich zwischen beiden jedoch sehr viel komplexere Dynamiken ab. Dem hochgestimmten Ton demokratischer Staatsbürgerlichkeit stellt sich die andere, gern ins Register des Vulgären greifende Seite der kollektiven wie der individuellen Wählerpersönlichkeit entgegen. Bei einem größer werdenden Teil des Elektorats schwingt sie sich in einen Zustand der Feindseligkeit nicht nur im Verhältnis zur Gegenseite im Meinungskampf, sondern zur Klasse der politischen Repräsentanten im Allgemeinen und schließlich zum System demokratischer Stellvertretung überhaupt ein.

Betrachtet man die gegenwärtige Situation westlicher Demokratien mit etwas größerem Abstand, dann springen zwei Entwicklungen ins Auge.[3] Zum einen sind diese Demokratien sowohl konstitutionell als auch von ihrer politischen Kultur her noch immer wesentlich nationalstaatlich formatiert, obwohl viele internationale Verwicklungen sich unmittelbar auf das Schicksal des einzelnen Landes auswirken. Der dadurch entstehende Überhang an Interdependenz und Komplexität kann innerhalb der einzelstaatlichen Arenen nicht mehr wirkungsvoll bearbeitet werden. Das rückt die nationalen Entscheidungsträger in ein ungünstiges Licht und lässt sie hilflos erscheinen. Erschwerend tritt hinzu, dass mit dem Ende der westlichen Suprematie auch die einseitige Bevorteilung des Westens ein Ende findet. Die eigenen Probleme können nun weniger leicht in andere Weltregionen exportiert werden, was den gesellschaftlichen Druckpegel zusätzlich erhöht. Stattdessen dringen umgekehrt die Probleme der Welt in die westlichen Wohlstandsgesellschaften ein, ohne dass diese sich davor zu schützen wüssten.

Zum anderen ist der Transformationsdruck, dem diese Gesellschaften ausgesetzt sind, nochmals beträchtlich gestiegen. Sie stehen vor gigantischen, zudem in kürzester Zeit zu bewältigenden, mit einem kaum erträglichen Maß an Ungewissheit verbundenen Herausforderungen. Stärker als durch soziale Ungleichheit als

2 Vgl. zuletzt die luziden Ausführungen von Armin Schäfer, *Vertreter des ganzen Volkes? Über Repräsentation und Repräsentativität*. In: *Merkur*, Nr. 899, April 2024.

3 Vgl. zum Folgenden die vom gleichen Befund her weiter ausgreifenden Darlegungen in: Albrecht Koschorke, *Binden durch Repräsentieren. Probleme des Liberalismus nach dem Bürgertum*. In: Nicole Deitelhoff u.a. (Hrsg.), *Gesellschaftlicher Zusammenhalt. Ein interdisziplinärer Dialog*. Frankfurt: Campus 2020.

solche, so ist zu vermuten, werden Gesellschaften durch die Ungleichverteilung der tatsächlichen oder auch nur befürchteten Kosten eines beschleunigten Wandels auseinandergetrieben. Diese Kosten können ganz unterschiedlicher Natur sein: materiell durch Verlust herkömmlicher Berufsbilder, Status- und Einkommensquellen ebenso wie symbolisch durch Schwund an Weltvertrauen und Souveränität über das eigene Leben.

Damit sind Bedingungen gegeben, die zu einer Art Infarkt der kollektiven Krisenbewältigung führen. Er löst eine Reaktionskette aus, die Komplexität in Konfrontation und Polarisierung verwandelt. Gegen die Meinungsführerschaft der Eliten in Politik, Wissenschaft, Wirtschaft und Kultur aufzubegehren, hat vor diesem Hintergrund eine entlastende Wirkung. Indem sich der Unwille vom Inhalt der Botschaft auf deren Überbringer verschiebt, kann aus dem Gefühl diffuser Ohnmacht ein Akt gruppenbezogener Selbstermächtigung werden. Dass es dessen ungeachtet auch faktisches Elitenversagen gibt, steht außer Frage. Es erklärt aber nicht den sich gerade in demokratischen Ländern ausbreitenden Hass auf Funktionsträger, Experten und ihr im Regelfall besseres Wissen, aus dem dann politische Zornunternehmer ihr Kapital schlagen.

Diese Übersetzung von Komplexität in Polarisierung zeitigt mehrere Folgen. Sie verkleinert den Radius der öffentlichen Aufmerksamkeit und damit den Maßstab der politischen Problemdefinitionen, indem sie den Einfluss weiträumigerer Abhängigkeiten verdeckt. Zugleich führt sie dazu, dass die politische Bearbeitung aktueller Großkrisen in die Spurrillen älterer, tief eingegrabener Entgegensetzungen zwischen »oben« und »unten« gerät, und lässt dementsprechend die notwendigen Anpassungsmaßnahmen als ein Komplott von »oben« erscheinen. Vor allem macht sie die Leugnung missliebiger Fakten und die Denunziation ihrer Übermittler sowohl emotional attraktiv als auch politisch profitabel.

So besteht die Paradoxie der gegenwärtigen Situation darin, dass die gleichen Faktoren, die ein erhöhtes Vertrauen in die Funktionsfähigkeit des repräsentativen Systems und in ihre Akteure notwendig machen, den Rückgang eben dieses Systemvertrauens bewirken; und dass die demokratischen Repräsentanten, denen aufgegeben ist, im objektiven Interesse der Allgemeinheit zu handeln, sich gerade in dieser Rolle zum Feindbild erklärt finden.

Noch allgemeiner gefasst: Niemals zuvor hing das Schicksal der Menschheit als Ganzer so sehr von kollektivem menschlichem Handeln ab wie in unseren Tagen, und niemals waren, ungeachtet aller fortbestehenden Hierarchien, die wechselseitigen Abhängigkeiten so groß. Genau das treibt aber die beiden aufeinander verwiesenen Seiten der demokratischen Repräsentationsordnung auseinander.

Die Frage ist also nicht nur, wie gut diese Repräsentationsordnung auf die Bedürfnisse derjenigen eingestellt ist, die sich in ihr repräsentiert sehen wollen. Sondern auch, in welchem Ausmaß sie Ärger, Wut und Hass zu absorbieren vermag, ohne den auf sie wirkenden Zerrkräften nachzugeben und sich, sei es in populistischer oder in expertokratischer Weise, autoritär zu verschließen.

Die Gesellschaft des Suspense und der Katechon der Ökologie

Von Christoph Paret

Wer jetzt noch schreibt, der schreibt angesichts der drohenden erneuten Wahl Trumps, des sich abzeichnenden Aufschwungs der AfD, des möglichen Überfalls Chinas auf Taiwan, des bevorstehenden Kippens des Golfstroms, des Durchbrechens der Zwei-Grad-Marke, vor dem sechsten Artensterben, vor der nächsten Belastungsprobe der Europäischen Union, vor der technologischen Singularität. Es bleibt also noch ein klein wenig Zeit. Zeit zum Verzögern, Zeit, sich zu wappnen, aber auch Zeit, sich zu wundern: Gab es vor uns schon einmal eine Gesellschaft, die sich so unsicher war, ob sie ungeschoren davonkommen kann, und zugleich so sicher, welche Gestalt ihre Katastrophen annehmen werden?

Wenn schon etwas schiefläuft, dann bitteschön drehbuchgemäß, als dürfe uns nichts anderes zum Verhängnis werden als das, vor dem wir gewarnt wurden. Die schlimmsten Geschehnisse mögen eintreten, aber sie sollen uns nicht mehr entlocken als ein »Das überrascht mich wenig.« Unser Platz in den Geschichtsbüchern? Unter der Rubrik »Chronik eines angekündigten Untergangs«.[1] Das ist auch eine Form der Ambition: Noch dann, wenn einem der Boden unter den Füßen wegbricht, sagen zu können, dass man nicht auf dem falschen Fuß erwischt wurde. Als wären wir vor guten wie vor bösen Überraschungen gefeit, während wir uns in die halb resignative, halb überzogene Erwartung schicken, dass sich für uns lediglich Katastrophen mit Ansage bewahrheiten: wir gutinformierten Untergänger.

Bombe unter dem Tisch

Vorbei die Zeiten, als die Möglichkeit des inkalkulablen Ereignisses im Zentrum des Denkens stand, eines Ereignisses, das nur insofern eines war, als es das Unmögliche wahr werden ließ. Es könne sein, schrieb Jacques Derrida, »daß einzig das Stattfinden des Ereignisses nachträglich, *vielleicht*, das zu denken erlaubt, wodurch es zuvor möglich wurde«.[2] So wundersam würde dieses Ereignis also sein, das sich erst im Zuge seiner Realisierung seine Möglichkeit mitverwirklichte. Nun sieht es jedoch so aus, als wären wir kollektiv in einen Hitchcock-Film versetzt worden. Dort gilt nicht die Logik der Überraschung, sondern des Suspense.

Der Altmeister des Kinos hat dazu bereits alles Nötige mitgeteilt: »Wir haben eine ganz gewöhnliche Unterhaltung,

1 Vgl. Naomi Oreskes / Erik M. Conway, *Vom Ende der Welt. Chronik eines angekündigten Untergangs*. Aus dem Amerikanischen von Gabriele Gockel. München: Oekom 2015.

2 Jacques Derrida, *Politik der Freundschaft*. Aus dem Französischen von Stefan Lorenzer. Frankfurt: Suhrkamp 2000. Das oft beobachtete Schwinden des Zukunftshorizonts innerhalb der letzten drei Jahrzehnte hatte Derrida als Möglichkeitsbedingung von Zukunft beschrieben: »Das Fehlen, die Abwesenheit des Horizonts, bedingt in einer paradoxen Wendung die Zukunft selbst. Der Einbruch des Ereignisses muß jeden Erwartungshorizont aufbrechen.« Vgl. Jacques Derrida, *Glaube und Wissen. Die beiden Quellen der »Religion« an den Grenzen der bloßen Vernunft*. In: Ders. / Gianni Vattimo, *Die Religion*. Frankfurt: Suhrkamp 2001.

nichts Besonderes passiert, und plötzlich, bumm, eine Explosion. Das Publikum ist überrascht, aber die Szene davor war ganz gewöhnlich, ganz uninteressant. Schauen wir uns jetzt den Suspense an. Die Bombe ist unterm Tisch, und das Publikum weiß es [...] Das Publikum weiß, daß die Bombe um ein Uhr explodieren wird, und jetzt ist es 12 Uhr 55 – man sieht eine Uhr. Dieselbe unverfängliche Unterhaltung wird plötzlich interessant, weil das Publikum an der Szene teilnimmt. Es möchte den Leuten auf der Leinwand zurufen: Reden Sie nicht über so banale Dinge, unter dem Tisch ist eine Bombe, und gleich wird sie explodieren! Im ersten Fall hat das Publikum fünfzehn Sekunden Überraschung beim Explodieren der Bombe. Im zweiten Fall bieten wir ihm fünf Minuten Suspense. Daraus folgt, daß das Publikum informiert werden muß, wann immer es möglich ist.«[3]

Damit wären die Grundmerkmale unserer Lage versammelt: Die tickende Zeitbombe, die uns bereits hier in dem mittlerweile Klischee gewordenen »fünf vor zwölf« begegnet (in Hitchcocks Beispiel ist es allerdings bereits fünf vor eins); eine aktuelle Ereignislosigkeit in Form des ungetrübten Smalltalks, die umso nervenaufreibender ist, als das Gespräch unbeirrt vor sich hinplätschert und keine wirksamen Gegenmaßnahmen ergriffen werden; der Umstand, dass der Suspense mit dem Grad der Informiertheit steigt; die Tatsache, dass Suspense Unterhaltung ist *und* anprangert: So unerträglich die harmlose Unterhaltung und die ausbleibenden Anstrengungen, die Katastrophe aufzuhalten, dem wissenden Beobachter auch vorkommen mag, so unterhaltend ist das doch zugleich. Schließlich die Ökonomie der Situation: Mit der Technik der Überraschung deckt man allenfalls fünfzehn Sekunden ab, im Suspense kann man sich potentiell endlos aufhalten. Latour hatte bereits über das Anthropozän vermerkt: »Was auch immer man tut, die Bedrohung schwebt über uns für Jahrhunderte, wenn nicht für Jahrtausende«.[4] Man möchte ergänzen: bestenfalls.

3 François Truffaut, *Mr. Hitchcock, wie haben Sie das gemacht?* Aus dem Französischen von Frieda Grafe u. Enno Patalas. München: Heyne 2003.

Vorübergegangene Kelche

Nicht einmal die größten Optimisten scheinen unter den gegenwärtigen Bedingungen weiterreichende Ambitionen zu haben, als abzuwenden, was droht: dass uns nur ja nichts passiert. Wenn noch eine gewisse Aussicht darauf besteht, dass 2024 wider Erwarten ein gutes Jahr wird, dann allenfalls durch das, was in ihm dann doch nicht geschehen wird. Auch Jahrhundertprojekte sollen sich in der Sorge erschöpfen, dass es zu einem CO_2-Ausstoß erheblichen Ausmaßes doch nicht kommt, man die Rate der Auslöschung der Arten verlangsamt, den Energieverbrauch pro Kopf reduziert.

Wie kommt es, dass keine anderen Geschehnisse vorstellbar sind als drohende? Warum gibt es kein größeres Vorhaben als deren Verhinderung oder auch nur Vertagung? Und wie von dem speziellen Glück erzählen, das uns als Möglichkeit immer-

4 Zit. n. Deborah Danowski / Eduardo Viveiros de Castro, *In welcher Welt leben? Ein Versuch über die Angst vor dem Ende*. Übersetzt von Ulrich und Clemens van Loyen. Berlin: Matthes & Seitz 2019.

hin geblieben scheint, dem Glück der Kelche, die an einem vorübergehen? Titel der Autobiografie eines Glückspilzes aus der Zukunft: *Was mir erspart geblieben ist*.

Es versteht sich, dass man derlei Fragen und Anmerkungen ohne jeden polemischen Unterton formulieren wird. Hier polemisch zu sein, würde etwas erfordern, was immer weniger denkbar zu sein scheint: dass man dem ewigen Aufschub noch ein Projekt entgegenzusetzen wüsste; dass man der Kategorie unliebsamer Vorkommnisse, mit denen man rechnet, jene Klasse unkalkulierbarer Ereignisse entgegenhalten könnte, die die Theologen »Wunder«, bestimmte Juristen »Ausnahmezustand«, die Poststrukturalisten »Ereignis« nannten. Derartiges scheint unabwendbar seine intellektuelle Plausibilität eingebüßt zu haben. Aber warum? Vielleicht wird man darin einmal die eigentliche Lektion der sogenannten Erdsystemwissenschaften erblicken: weniger in der ein oder anderen Warnung, sondern in dem erstaunlichen Gedanken, dass in der »Biografie unseres Planeten« schon immer vornehmlich jene Ereignisse einzutragen waren, um die die Erde herumgekommen war.[5]

Erdgeschichte als abgefangener Absturz

In einer Sherlock-Holmes-Geschichte lenkt der Detektiv die Aufmerksamkeit auf den »verdächtigen Vorfall mit dem Hund« in der vergangenen Nacht. Es habe keinen derartigen Vorfall gegeben, beharrt sein Gesprächspartner. Holmes: Bemerkenswert sei, dass der Hund nicht gebellt habe ... Das Nichteintreffen eines Ereignisses mag mitunter bedeutsamer sein als alles, was positiv geschah.

Es liegt in der Logik der Erdsystemwissenschaften, derartige alles entscheidende Nichtereignisse zu vervielfältigen. Das gesamte Schreiben ihres Vordenkers, des selbsternannten Erdarztes James Lovelock, ist letztlich der Versuch, jene verdächtigen Ereignisse innerhalb der letzten dreieinhalb Milliarden Jahre Erdgeschichte dingfest zu machen, die man schon deshalb schwer registrieren kann, weil sie ausblieben. Weniges, was auf der Erde geschah, kann so verwunderlich sein wie der Umstand, dass etwas nicht geschehen ist. Längst müsste der Salzgehalt der Meere die Schwelle überschritten haben, ab der Leben unmöglich ist. Längst hätte sich Kalzium in tödlicher Dosis in Form wasserlöslicher Kalzium-Ionen im Meer ausbreiten müssen. Längst die Flüsse die lebenswichtigen selteneren Elemente Schwefel, Selen und Jod ins Meer schwemmen und den Landbewohnern entziehen müssen. Längst der Sauerstoff bei »seiner Reaktion mit den Schwefelgasen aus den Vulkanen oder mit den chemischen Reduktionsstoffen in den Eruptivgesteinen aufgebraucht werden müssen«. Längst hätten die Meere sich in den Weltraum verflüchtigen müssen. Das staubige Schicksal der Venus: »Am wahrscheinlichsten ist es, daß die Reduktionselemente Eisen und Schwefel in den Oberflächengesteinen den Wassermolekülen den Sauerstoff entzogen. Dabei wurde Wasserstoff als Gas freigesetzt, und die leichten Atome entwichen in den Weltraum.«

Die Erdsystemwissenschaften sind nicht einfach eine Wiederauflage apokalyp-

5 Vgl. James Lovelock, *Das Gaia-Prinzip. Die Biographie unseres Planeten*. Übersetzt von Barbara Müller. München: Oekom 1991.

tischer Reden. Sie fragen weniger, wann wir untergehen werden, sondern warum die Erde nicht bereits vor Milliarden von Jahren untergegangen ist. Bruno Latour bringt es auf den konzisen Nenner: »Wie der Mars *müßte* auch die Erde eigentlich ein toter Stern sein. Sie ist es nicht. Welche Kraft ist fähig, dies *hinauszuzögern*?«[6]

Was Lovelock »Gaia« nennt, ist Resultat der Tatsache, dass das Leben sich gefangen hat: »Irgendwann am Anfang in der Geschichte der Erde, als noch kein Leben existierte, entwickelten sich das Festland, die Atmosphäre und die Ozeane noch ausschließlich nach den physikalischen und chemischen Gesetzen. Es war eine rasende Talfahrt hin zu dem leblosen, unveränderlichen Zustand eines Planeten, der sich in einem annähernden Gleichgewicht befindet. Bei ihrer wilden Jagd durch die verschiedenen chemischen und physikalischen Zustandsbereiche landete die Erde auch kurz auf einer Stufe, die günstige Bedingungen für das Leben bot. In einem besonderen Augenblick dieses Stadiums wuchsen die neugebildeten, lebenden Zellen in einem solchen Maß, daß ihr Vorhandensein den Erdraum beeinflußte. Die Sturzfahrt ins Gleichgewicht stoppte. An diesem Punkt verschmolzen Lebewesen, Steine, Luft und Meere zu einem neuen Gebilde – Gaia. Und wie wenn der Samen sich mit dem Ei vereinigt, entstand neues Leben.«

Die Welt ist, was der ausgebremste Fall ist. Was »eine rasende Talfahrt hin zu dem leblosen, unveränderlichen Zustand eines Planeten, der sich in einem annähernden Gleichgewicht befindet«, hätte werden müssen, wurde irgendwie aufgehalten. Diese wilde Passage, die »noch ausschließlich den physikalischen und chemischen Gesetzen« gehorchte, passierte auch für einen kurzen Moment das Leben oder ließ es passieren. Sie ließ das Leben zumindest zu.

Chemie und Physik können also, was die Erde anbelangt, lediglich das Schicksal beschreiben, dem die Erde entging. Für das Erdsystem sind es Wissenschaften nicht des Faktischen, sondern des Kontrafaktischen. Wenn es nach ihnen ginge, hätte es nur ein kleines Zeitfenster für geeignete Lebensbedingungen gegeben. Es sind die Lebewesen selbst, die dieses Fenster bis auf Weiteres offen halten. Das Leben ist nichts weiter als die Verlängerung dieses glücklichen Moments. »Die Bedrohung schwebt über uns für Jahrhunderte, wenn nicht für Jahrtausende«? Latour untertrieb: Zumindest das Leben verschiebt seine Deadline seit Milliarden von Jahren.

Leben, das am seidenen Faden hängt

Leben ist immer: Leben im grünen Bereich, Leben innerhalb gewisser Toleranzen. Seine Möglichkeit betrifft eine äußerst schmale Bandbreite. Lovelock: »Man hat nämlich beobachtet, daß alle wesentlichen Exponenten von Leben mit einem so schmalen Bereich zurechtkommen müssen.« Das heißt keineswegs, zu sagen, es sei dem Leben verwehrt, aus diesen Grenzen auszuscheren, als ob es ihm auferlegt wäre, auf jene Transgressionen zu verzichten, die den Vitalisten lieb und teuer waren. Denn diese schmalen Zonen, weit entfernt davon, nicht verlassen werden zu können, sind erst einmal nicht vorhanden.

6 Bruno Latour, *Kampf um Gaia. Acht Vorträge über das neue Klimaregime.* Aus dem Französischen von Achim Russer u. Bernd Schwibs. Berlin: Suhrkamp 2017.

Sie müssen eingerichtet werden: Vom Leben selbst. Das Leben wird seine maßgebliche Aktivität darauf ausrichten, dass seine *Umgebung* innerhalb dieser Grenzen verbleibt.

Der springende Punkt soll sein, dass »sich die Atmosphäre, die Meere, das Klima und die Erdkruste aufgrund der Verhaltensweise von lebenden Organismen so regulieren, daß Leben möglich ist«. Zahllose Lebewesen hören nicht auf, jene Bedingungen künstlich herzustellen, unter denen das Leben fortgesetzt werden kann. Pausenlos türmen Kolonien von Mikroorganismen Kalkstein-Stromatolithe vor den Küsten auf und separieren Meerwasser in Form von Lagunen, wo es verdunstet, womit dem Meer giftige Salzmengen entzogen werden. Bakterien fahren fort damit, das tödliche Kalzium in unlösliches Kalziumkarbonat umzuwandeln und auf den Meeresboden herabregnen zu lassen.

Unentwegt synthetisieren Meereslebewesen chemische Verbindungen, mit deren Hilfe die Elemente durch die Luft zurück an Land befördert werden können. Fortgesetzt sind Pflanzen damit beschäftigt, die Luft mit Sauerstoff anzureichern und zugleich eine Spur kohlenstoffhaltigen Materials rechtzeitig vor seiner Reaktion mit Sauerstoff in die Sedimente einzuschließen, womit der Sauerstoffanteil unterm Strich zunimmt. Fortwährend verbindet sich der Sauerstoff mit Wasserstoff zu dem Wasser, das zu schwer ist, um in den Weltraum zu entfliehen. Unaufhörlich spinnt das Leben den seidenen Faden, an dem es hängt.

Gott und die Mikroben

Ist die Gaia-Hypothese wissenschaftlich oder metaphysisch?[7] Wir müssen anders fragen: Wenn das Metaphysik sein sollte, worin unterscheidet sie sich von der bisherigen Metaphysik? Giorgio Agamben zeigt, dass man seit der Spätantike bis ins Mittelalter hinein erhitzt über die Frage diskutierte, ob sich Gott um die Welt nur im Allgemeinen kümmere (der Ursprung unserer Vorstellung von Naturgesetzen) oder aber um jedes Detail.[8] Einem Gott, der die Welt allgemeinen Gesetzmäßigkeiten überließe, wäre es versagt, einzugreifen, er böte das Bild »ohnmächtiger Souveränität«. Ein Gott wiederum, der seinen Einfluss nicht auf die gesetzgeberische Kraft beschränkt, überließe die Welt einer »ununterbrochenen chaotischen Folge von (gewaltsamen) Eingriffen der besonderen Vorhersehung«.

Im Zeichen von Gaia lässt sich eine dreifache Umkehrung ausmachen: Erstens sind die allgemeinen Gesetzmäßigkeiten, was die Lebewesen anbelangt, ein untaugliches Regierungsinstrument, sie verbürgen nur mehr einzig und allein den Sturz ins natürliche Gleichgewicht des Todes. Verlangt werden vielmehr besondere Eingriffe, ja, die Eingriffe von Besonderen, von Bakterien, Algen oder Ähnlichem. Das Resultat ihrer Eingriffe wird indes,

7 Paul J. Crutzen, *Eine kritische Analyse der Gaia-Hypothese als Modell für die Wechselwirkung zwischen Klima und Biosphäre*. In: Ders., *Das Anthropozän. Schlüsseltexte des Nobelpreisträgers für das neue Erdzeitalter.* München: Oekom 2019.

8 Giorgio Agamben, *Herrschaft und Herrlichkeit. Zur theologischen Genealogie von Ökonomie und Regierung*. Aus dem Italienischen von Andreas Hiepko. Berlin: Suhrkamp 2010.

zweitens, kein Chaos sein, sondern die permanente Restabilisierung bestimmter Parameter. Hier greift die Funktionslogik des Regelkreises.

Die Vorstellung des Wunders, das Gesetzmäßigkeiten durchbricht, verkehrt sich in die Vorstellung des Wunders der Konstanz selbst. Lovelock: »Genauer ausgedrückt besagt die Gaia-Hypothese, daß die Temperatur, der Oxidationszustand, der Säuregehalt und bestimmte Aspekte von Gesteinen und Gewässer zu jeder Zeit konstant bleiben und daß sich diese Homöostase durch massive Rückkoppelungsprozesse erhält. Diese Prozesse werden von der Lebenswelt unwillkürlich und unbewußt in Gang gesetzt.«

Eine ganze Reihe von Parametern bleiben »zu jeder Zeit konstant«, ohne dass sich zu ihrer Erklärung anführen ließe, dass es Naturkonstanten sind. Stattdessen erweist sich ihre Beständigkeit als prekäre Angelegenheit und als Ergebnis »massiver Rückkoppelungsprozesse«. In welcher bisherigen Theorie wäre die Permanenz jemals weniger garantiert gewesen als hier? Wo hätte sie sich zugleich länger behauptet? Wunder einer Millionen Jahre währenden Stetigkeit! Könnte es sein, dass uns das Nachdenken über den permanenten Ausnahmezustand blind gemacht hat für den Ausnahmezustand der Permanenz selbst?

Schließlich: Aus der Vorstellung eines Gottes, der erhaben über den Dingen thront und sich zu schade dafür ist, sich um jede Kleinigkeit zu kümmern, wird die fortgesetzte Kümmerarbeit gerade der Kleinsten. Alexander von Aphrodisias an der Wende zum 3. Jahrhundert: »Auch die Sorge, die ein Mensch für die Dinge in seinem Haus trägt, reicht nicht so weit, daß er sich noch um die Mäuse, die Ameisen und all die anderen sonst noch vorhandenen Dinge kümmern könnte.«

In Gaia fällt diese Sorge um das Haus nun aber den Mikrolebewesen zu. Lovelock: »Manchmal, in Augenblicken überschwänglichen Mitgefühls mit dem Leben auf Erden, [...] übernehme [ich] die Rolle als ›gewerkschaftlicher Vertrauensmann‹ für die Mikroorganismen und die geringeren, unterrepräsentierten Lebensformen. Sie waren es, die diesen Planeten über 3,5 Milliarden Jahre hinweg lebensfähig erhalten haben. Die Streicheltiere, die Wildblumen, die Menschen, sie alle verdienen Beachtung. Und doch wären sie ein Nichts ohne die weitläufige Infrastruktur der Mikroben.«

Ökologischer Katechon

Warum also ist kein Projekt mehr denkbar, das das Zeug hätte, die Vertagung, wenn nicht Verhinderung (eines weiteren CO_2-Anstiegs, eines Artensterbens, einer Durchbrechung »planetarer Grenzen«) von der politischen Agenda zu verdrängen? Weil der Aufschub nunmehr als größtmögliches Projekt begriffen werden muss. Wir kennen jetzt einen Aufschub, der immerhin Milliarden von Jahren währt. Fortan dürfte es nur noch zwei Klassen von Geschehnissen geben: Störungen und Katastrophen. Störungen lassen sich auspendeln, Katastrophen bringen das System zum Erliegen.

Und warum steht man nicht mehr im Bann der Vorstellung des Ereignisses, das alle Vorstellungen sprengt und uns vom verschnarchten Gleichschritt erlöst? Weil das eigentlich erstaunliche Ereignis nun in einer immer wieder neuerlich gewährleisteten Kontinuität gesehen werden muss. Hat nicht sogar der ereignislustige Enzensberger einmal konzediert: »Das eigentliche Wunder besteht nicht darin, daß irgendetwas kollabiert, sondern daß viele Systeme wenigstens eine Zeitlang in einem labilen Gleichgewicht verharren«?[9] Enzensberger hatte von »normalen Wundern« gesprochen, aber das Wunder namens Normalität gemeint.

Gewiss, die Politik, die dem Anthropozän Rechnung tragen möchte, nimmt sich momentan noch sehr zögerlich aus, was jedoch nichts daran ändert, dass sie auf ihrer grundlegendsten Ebene eine Politik der Verzögerung sein muss. Ein Doublebind: Wie nämlich beherzt zum Aufschub schreiten? Wie sich tatkräftig zurückhalten? Wie alle Energien aufbieten, um nicht so viel Energie zu verwenden?

Die Anthropozän-Politik sieht sich paradoxen Anforderungen gegenüber. Sie entsprechen eigentümlicherweise dem, was Carl Schmitt nach dem Zweiten Weltkrieg als das Wesen eines genuin christlichen Geschichtsbilds verstand. Stichwort *Katechon*: »Der Glaube, daß ein Aufhalter das Ende der Welt zurückhält, schlägt die einzige Brücke, die von der eschatologischen Lähmung alles menschlichen Geschehens zu einer so großartigen Geschichtsmächtigkeit wie der des christlichen Kaisertums der germanischen Könige führt.«[10] Die von Schmitt behauptete »Geschichtsmächtigkeit« wird weniger an positiven Resultaten ersichtlich, sie bezeugt sich darin, das letzte Ereignis, die Apokalypse, nicht stattfinden zu lassen.

Das ist jetzt wieder unsere Wahl: entweder »Lähmung alles menschlichen Geschehens« angesichts der Apokalypse oder Lähmung des apokalyptischen Geschehens selbst. Übertragen auf das Anthropozän lässt sich die aktive Vertagung der Apokalypse als der Versuch identifizieren, die Mikroorganismen weniger als »gewerkschaftlichen Vertrauensmann« (Lovelock) zu repräsentieren, als es ihnen gleichzutun in ihrer unermüdlichen Tätigkeit, den Planeten lebensfähig zu erhalten.

Noch vor geraumer Zeit hätte man darin vielleicht nur die Verteidigung des Status quo erblickt. Doch erstens entspricht dem Minimalismus des Ziels, keinen ökologischen Fußabdruck zu hinterlassen, ein Maximalismus der Mittel (die Umstellung der Konsum-, Ernährungs-, Kleidungs- und Heiz- und Mobilitätsgewohnheiten): Wahrscheinlich war die Sentenz Giuseppe Tomasi di Lampedusas niemals zutreffender als jetzt: »Alles muss sich ändern, damit alles so bleiben kann, wie es ist.«

Zweitens können wir nun wissen, dass nichts unwahrscheinlicher ist als die Erhaltung des Status quo. Welches menschliche Vorhaben in der Geschichte könnte man benennen, das auch nur annähernd so ambitioniert war wie die Anstrengungen der Mikroben, Tag für Tag die Welt in ihrem *unnatürlichen Gleichgewicht* zu halten? Aber reden wir nicht über so banale Dinge, unter dem Tisch ist eine Bombe, und gleich wird sie …

9 Hans Magnus Enzensberger, *Normale Wunder*. In: Ders., *Zwanzig Zehn-Minuten-Essays*. Berlin: Suhrkamp 2012.

10 Carl Schmitt, *Der Nomos der Erde im Völkerrecht des Jus Publicum Europaeum*. Berlin: Duncker & Humblot 2011.

Galata

Von David Wagner

Ich bin wieder in Verkins Stadthaus Suma Han, nicht weit vom viel fotografierten Galataturm. Verkin sitzt am Esstisch in der Ecke des großen Zimmers mit Aussicht und telefoniert. Ich bin wieder in Suma Han, in dessen Untergeschossen Verkins Vater, der Pionier, einst die ersten Schalter, Stecker und Lampenfassungen der Türkei produzierte, in dem Gebäude, in dem die erste türkische Bakelitpresse gearbeitet hat, weil es Verkins Vater gelungen war, die Lizenz zur Herstellung dieses frühen Kunststoffs für die Türkei zu erwerben, Spuren des Formaldehyds, das es für die Produktion von Bakelit braucht, müssten noch heute in den Kellermauern stecken.

Ich bin wieder in Suma Han, ganz oben im sechsten oder siebten Stock, Verkin hat die Wahl zur Muchtar gewonnen, und ich bin nach Istanbul gekommen, um ihr mit Hausmacher Leberwurst, Sauerkraut, Sachertorte und einem Buch über die deutsche Beteiligung am Völkermord an den Armeniern zu gratulieren.

Ich bin wieder im ehemaligen Gewerbehof Suma Han, in dem sich einst über hundert kleinere Handwerksbetriebe, Läden und Werkstätten befanden, verteilt auf sechs Stockwerke in zu den Fluren hin offenen Räumen, die nun zu Ateliers und Apartments umgebaut sind.

Ich bin wieder in Suma Han, der mit all seinen Handwerksbetrieben und Werkstätten einst so etwas wie eine Mall gewesen ist, ein Haus, in dem es zuging wie in einem Bienenstock, die untersten Stufen der Marmortreppe im Haus sind zentimetertief ausgetreten. Ich bin in dem Han, den die noch immer telefonierende Verkin während der letzten zehn Jahre in ein Kunst-, Wohn- und Kreativquartier verwandelt, sprich gentrifiziert hat, wozu sie alle Kleinbetriebe und Handwerker im Haus loswerden musste, von denen nicht wenige nach dem Tod ihres Vaters schlicht keine Miete mehr bezahlt hatten. Was wird die Tochter, die Frau, die Armenierin schon tun, hatten sie sich gesagt, weshalb Verkin sie bis auf eine Ausnahme von einem Rollkommando auf die Straße werfen ließ, nur ein Drahthändler durfte in seinem Abteil im ersten Stock bleiben, wo er noch heute jeden Tag zwischen seinen Gewindestangen, Schrauben, Kabeltrommeln und Metallstäben sitzt wie ein Wächter in einer Ausstellung. Es soll schon Besucher in Suma Han gegeben haben, die seinen Laden tatsächlich für ein Museum kaufen wollten.

Ich bin wieder in Suma Han in Galata, das über Jahrhunderte die Handelsniederlassung der Republik Genua und eine eigenständige Stadt war, welche die Eroberung von Konstantinopel einigermaßen und die Stadterneuerungen und Abrissorgien der fünfziger und sechziger Jahre des letzten Jahrhunderts weniger gut überstanden hat.

Ich bin wieder in Suma Han, der seinen Namen von einem verschwundenen Vorgängerbau hat, einem Han, in dem wahrscheinlich mit Gerbersumach gehandelt wurde, einer Variante des in der türkischen, arabischen und persischen Küche beliebten Gewürzes Sumach, welches, wie anderswo Salbei, für die Lederverarbeitung in den Gerbereien am nahen Ufer des Goldenen Horns wichtig war.

Ich bin wieder in Suma Han, in Verkins Wohnung mit Hamam auf dem Dach, der Wohnung mit Aussicht zur Altstadt auf der gegenüberliegenden Seite des Goldenen Horns und Blick auf das diesseitige Gassenlabyrinth mit seinen Hunderten Leuchten-, Lampen-, Kabel- und Elektrogeschäften, die sich in der Umgebung angesiedelt haben, weil Verkins Vater in Suma Han die türkische Elektroindustrie begründet hat.

Ich bin wieder in Suma Han, der Burg des Viertels, das nach der Arabischen Moschee in der Nachbarschaft Arap Camii heißt, das Viertel, in dem tagsüber an die hunderttausend Menschen arbeiten, so, wie es aussieht, fast nur Männer, aber kaum eine Seele wohnt, weil sich in allen Häusern, auch denen, die ursprünglich als Wohngebäude errichtet worden waren, auf jeder Etage Betriebe befinden, immer noch eine weitere Firma, die elektrische Bauteile, Lampen, Schalter oder Regler vertreibt oder herstellt, weshalb es auch kaum stört, dass im Keller von Suma Han der Club eröffnet hat, für den Suma Han heute berühmt ist, DJs aus der ganzen Welt legen hier auf.

Ich bin wieder in Verkins Wohnung ganz oben in Suma Han, ich gehe ans Fenster und sehe die Arabische Moschee Arap Camii, die – das ist dem Gebäude im gotischen Stil sehr deutlich anzusehen – bis zur Eroberung Konstantinopels ein Dominikanerkloster gewesen ist. Arabische Moschee wird das ehemalige Kloster und seine Kirche genannt, weil nicht wenige Muslime fest daran glauben, dass an seiner Stelle während der zweiten erfolglosen arabischen Belagerung Konstantinopels im Jahr 717/18 eine Moschee gestanden haben soll, wofür es, außer dem Wunsch, dass es so gewesen sein könnte, keinerlei Anzeichen gibt, aber ich weiß, dass Verkin dieser Wunschvergangenheit nicht gern widerspricht, weil sie niemanden verletzen oder gegen sich aufbringen möchte.

Ich bin wieder in Verkins Wohnung und betrachte eine von Hippos hinter Glas gerahmten Collagen, ich vermute, sie stammt aus den Jahren, in denen er durch Istanbul streunte, während Verkin die Firma führte. Ich sehe die von Orhan gehauene schwarze Halbreliefbüste an der Wand und erkenne Verkins Gesichtszüge im Marmor, ich sehe den Andy Warhol, ein Geschenk von Sam Green, und die beiden Opiumpfeifen, die einmal John Lennon gehört haben sollen, auch sie ein Geschenk von Sam Green, dem ich außer in Verkins Erzählungen nie begegnet bin, aber auch Hippo, Orhan, Detlev, Abdulkadir, Philip und dem Patriarchen bin ich nie begegnet, weil sie alle tot sind, denke ich, während ich in eines der Bücher hineinsehe, die auf dem Couchtisch liegen. Es sind hauptsächlich amerikanische, französische und einige deutsche Veröffentlichungen über byzantinische Kunst sowie armenische und türkische Geschichte, auch die antiquarische Ausgabe von Helmuth von Moltkes *Briefe über Zustände und Begebenheiten in der Türkei aus den Jahren 1835 bis 1839* sehe ich hier, das im 19. Jahrhundert viel gelesene Buch mit dem langen Titel hatte ich Verkin im Spätsommer nach Kekova mitgebracht.

Ich bin wieder in Suma Han, wo ich während der letzten Jahre nicht wenige Partys miterlebt habe, ich erinnere mich an ein nicht gerade kleines Fest, das Cengiz und Süreyya ihrer Mutter zum Geburtstag organisiert hatten, kurz vor dem letzten Putsch. Suma Han war vom Keller bis unters Dach voll mit Menschen, Hunderte Gäste im Haus, eine Party mit DJs aus Paris und Berlin und Sponsoren für Getränke sowie Hostessen, die Parfümproben verteilten. Ich erinnere mich an eine Party zu Cengiz' Geburtstag mit der *jeunesse dorée* von Şişli und Beyoğlu, den schönen reichen Erben. Und ich erinnere mich an ein osmanisches Kostümfest, Süreyya tanzte in Pluderhosen und sah aus wie Süleyman der Prächtige.

Ich bin wieder in Suma Han und erinnere mich an den lockenköpfigen Bildhauer mit gezwirbeltem Bart in einem rosafarbenen Anzug und roten Schnabelschuhen. Ich erinnere mich an die Performancekünstlerin in ihrem Igel-Overall mit den stechenden schwarzen Latex-Nippeln, ich erinnere mich an den eingebildeten englischen Rohölhändler, einen von Süreyyas Kommilitonen aus Oxford, an den koreanisch-amerikanischen Investmentbanker, einen Freund und früheren Kollegen von Cengiz bei Goldman Sachs, der in Istanbul von seiner Kokainsucht loskommen wollte, was natürlich nicht funktionierte. Ich erinnere mich an den Istanbuler Regisseur, der versprach, Verkin in seiner nächsten Serie eine Rolle zu geben, einen Cameo-Auftritt, und ich erinnere mich an die schönen Frauen, die in Suma Han ein und aus gingen, zu der Zeit, als eine Modelagentur in einem der größeren Ateliers Castings veranstaltete.

Ich bin wieder in Suma Han, Verkin telefoniert, spricht dabei nicht viel, sie hört zu und lässt den oder die andere reden. Ich bin wieder in Suma Han, trinke Tee, höre sie zuhören und schaue über das heute graue Wasser des Goldenen Horns hinweg auf vier der sieben Hügel, die das Neue Rom haben musste, um dem anderen, älteren Rom mindestens ebenbürtig zu sein. Ich bin wieder in Suma Han, schaue zum Fenster hinaus, und mir wird klar, jetzt erst, in diesem Moment, dass die beiden Ufer des Goldenen Horns die Bosporus-Situation mit seinen zwei Ufern wiederholen, ja verdoppeln, diese Stadt hat vier, vielleicht sogar sechs Ufer, das Marmarameer und seine Ufer gibt es ja auch noch.

Verkin beendet ihr Telefonat, wir begrüßen einander endlich, sie entfernt die Schutzfolie von dem dicken Buch über Deutschlands Rolle bei der Vernichtung der Armenier, das ich mitgebracht habe, und blättert in das Kapitel über die Zerstörung der alten armenischen Stadt Van im Jahre 1915 hinein. Ich gratuliere ihr zur Wahl und frage, wie viele Muchtar es in der Türkei gebe, fast fünfzehntausend höre ich, und weniger als zehn Prozent davon sind Frauen, armenische Muchtar gibt es nur eine Handvoll, Verkin ist der einzige weibliche armenische Muchtar der Türkei. Sie erzählt, dass sie die Wahl fast noch verloren hätte, weil die Mafia kurz vor Schluss plötzlich einen Gegenkandidaten präsentiert habe, der als Strohmann und Jasager installiert werden sollte. Vom Friseur des Viertels habe sie zum Glück von diesem Plan erfahren und ihn verhindern können, es habe dem organisierten Verbrechen nichts genützt, gekaufte arme Schlucker mit gefälschten Wahlscheinen zur Urne zu schicken, ihre Freundin aus dem Innenministerium habe für Aufsicht und eine strenge Wahlüberwachung gesorgt, außerdem sei der Imam von Arap Camii, mit dem sie sich sehr gut verstehe, auf ihrer Seite gewesen. Verkin erzählt, was sie vorhat und wie sie ihre Nachbarschaft Arap Camii verändern und entwickeln will, sie zeigt auf die beiden klobigen, heruntergekommenen und ohne Genehmigung erbauten Hoteltürme aus den siebziger Jahren, die sie gern abreißen lassen würde, weil sie vom Goldenen Horn her die Sicht auf die Moschee verstellen. Sie habe Emine schon von diesem Plan erzählt.

Ich habe sie auf einer Veranstaltung angesprochen, sagt Verkin.

Es dauert einen Augenblick, bis ich verstehe, von welcher Emine sie redet, es dauert, bis ich kapiere, dass sie von der Frau des Präsidenten spricht, dann aber fällt mir ein, dass Verkin vor wenigen Wochen erst ein Foto gepostet hat, das sie mit Emine Erdoğan zeigt. Sie genieße jetzt den Schutz des Amts, sagt Verkin, sie dürfe nun überall hin und hinein, sie besitze eine rote Amtsrobe, dürfe Trauungen vornehmen und habe die Berechtigung, eine Schusswaffe zu tragen, sie übe schon mit einem Personal Trainer auf einem Schießstand, denn eine Pistole sei überraschend schwer – und ich stelle mir Verkin nun mit einer Beretta oder einer Walter PPK im Schulterhalfter oder in der Handtasche vor, mit einer der halbautomatischen Waffen, deren Namen mir nur aus den Spionageromanen vertraut sind, die ich als Kind gelesen habe. Und während ich noch über diese Waffen nachdenke, verstehe ich, dass Verkin mit ihrem neuen Muchtar-Körper nun all die Dinge angehen und unternehmen kann, die bisher außer Reichweite lagen, oder wenn, dann nur mit einer Entourage von Männern zu verwirklichen waren. Sie hat oft genug erzählt, dass sie in der Türkei immer Männer neben und um sich herum brauchte, als Schutzschilde, Leibwächter oder Vogelscheuchen. Nun aber, verstehe ich, hat die Wahl zur Muchtar ihr einen politischen Körper verschafft, sie braucht die Entourage nicht mehr.

Es ist schon dunkel, als wir Suma Han verlassen und Verkin die steile Direttissima Richtung Galataturm einschlägt. Sie fragt nach meinem Vater, nach meiner Freundin und der Tochter und was das Leben in Berlin so mache. Und nach dem Shopping-Mall-Buch, das noch immer nicht fertig ist. Während ich Auskunft gebe über alle Familienfragen, muss ich daran denken, dass ich vor langer Zeit einmal über einige Jahre hinweg behauptet habe, ich würde eine historisch-anthropologische Doktorarbeit schreiben, ihr Arbeitstitel lautete *Eine Geschichte der Wunde*. In Wahrheit arbeitete ich die meiste Zeit über an einem Roman, der von einer Hose handeln sollte.

Verkin, sie trägt rot-braun gemusterte Wanderschuhe, geht zügig den Berg hinauf, und wüsste ich es nicht besser, ich käme nicht auf die Idee, dass die Person neben mir, ich kann ihr kaum folgen, fast zehn Jahre lang schwer gehbehindert war und sich oft nur an Krücken oder im Rollstuhl fortbewegen konnte. Ihr silberfarbenes Haar ist ein wenig länger als zuletzt und fällt über den Kragen einer dunkelbraunen Glattlederjacke, die sie im Großen Basar gekauft habe, wie sie verrät, als ich sage, dass sie mir gefalle.

Ich habe sie von einem Händler, den ich seit meiner Kindheit kenne, sagt sie, wir können dir auch eine kaufen, dann lernst du endlich, wie im Basar verhandelt wird.

Wir sind unterwegs zu einer Freiluftveranstaltung, die anlässlich des Welttags gegen die Zuckerkrankheit unter dem heute blau angestrahlten Galataturm stattfindet, das Logo des Aktionstags ist auf seinen Schaft projiziert. Als neu gewählte Muchtar muss Verkin sich den Bürgerinnen und Bürgern zeigen, viele sind in blauen T-Shirts gekommen, die sie über dicken Pullovern oder Daunenjacken tragen. Verkin fotografiert und lässt sich im Getümmel fotografieren, sich zu präsentieren und anwesend zu sein, gehört zu ihrer Aufgabe als Lokalpolitikerin. Sie grüßt und wird gegrüßt und stellt mich den anderen Muchtar von Beyoğlu vor, leider verstehe ich kaum etwas, weil die Blechbläser und die großen Trommeln der musizierenden Marching Band alles übertönen.

Eine aufregende halbe Stunde und Dutzende von blauem Licht beleuchtete Instagram-Storys später betreten wir mit einer Gruppe von Verkins Parteifreunden ein Café, das nur wenige Schritte vom Galataturm entfernt liegt. Ich zähle durch und stelle fest, wir sind zu elft: drei Frauen mit Hijab, zwei Frauen ohne, vier Männer in Anzug, Hemd und Krawatte, ein Mann in einem Sweater mit Kapuze und ich selbst in Hemd und Pullover unter dem Übergangsmantel. Aufgeregt herumtanzende Kellner – sie scheinen zu wissen, wer in ihr neu und gar nicht geschmacklos eingerichtetes Café gekommen ist – schieben quadratische Marmortische zu einer Tafel zusammen, vertreiben ein Pärchen in eine andere Ecke, bringen Teller mit Gebäck und servieren Tee. Ihre Bewegungen wirken wie ein choreografiertes Durcheinander, Begleitmusik rieselt aus in der Decke verbauten Lautsprechern, ich erkenne eine Muzak-Version von *California Dreaming*. Zwei der drei Frauen mit Hijab telefonieren, fünf weitere Personen, Verkin eingeschlossen, tippen auf ihren Smartphones herum und posten frisch erbeutetes Bildmaterial. In einer der Frauen erkenne ich Verkins Freundin, der ich einmal in Tarabya begegnet bin. Verkin stellt mich wieder als Schriftsteller vor, der ein Buch über den Großen Basar und den Istanbuler Shopping-Mall-Boom schreibe, und ich denke, wie gut, dass sie es sagt, denn ich selbst glaube jeden Tag weniger daran, dass dieses Buch jemals fertig wird. Als Verkin und ich – wir sitzen einander schräg gegenüber – einige Worte auf Deutsch statt auf Englisch miteinander wechseln, bemerke ich, dass eine der Hijab tragenden Frauen uns versteht, bisher hat sie sich nur mit ihren beiden Telefonen beschäftigt.

Deutsch ist keine Geheimsprache, sagt sie und zeigt ihren Nachbarinnen links und rechts das Display ihres größeren iPhones, auf dem das Titelbild meines letzten Buchs zu sehen ist.

Es scheint Sie also zu geben, sagt sie.

Tatsächlich, ich scheine zu existieren, denke ich. Und irgendwann muss ich, was ich immer wieder vergesse, tatsächlich einmal ein Buch geschrieben haben, sonst wäre sein Cover nun ja nicht auf diesem kleinen Bildschirm zu sehen.

Sie habe in Aachen und in Chicago Architektur studiert, verrät die Frau mit den zwei Telefonen. Sie spricht nun wieder Englisch und erzählt, dass sie im Bauministerium in Ankara arbeite und zwischen Istanbul und Ankara pendele. Gerade will sie mir erklären, wofür genau sie zuständig ist, da sieht sie eine Nachricht auf dem Sperrbildschirm ihres kleineren Telefons und entschuldigt sich, sie müsse reagieren.

Verkin unterhält sich derweil mit einem Museumsdirektor und dem Mann im Kapuzenpullover, den sie mir als den Gatten der einzigen anderen Frau ohne Kopftuch vorstellt, einer Autorin, die historische

Romane schreibe. Die Nichte des Museumsdirektors sei die Zwangsverwalterin aller beschlagnahmten Gülen-Besitztümer in der Türkei, erfahre ich, und der Museumsdirektor selbst, der Onkel dieser mächtigen Frau, er winkt mir vom gegenüberliegenden Ende der Tafel, sei ein Sufi und ein großer Fan von Tarek und seinen Heilkünsten.

Was für eine Istanbuler Mischung, denke ich, während die Autorin mir halb auf Türkisch, halb auf Englisch von ihrer erfolgreichen Romanreihe erzählt. Gerade arbeite sie ihren größten Erfolgstitel zu einem Musical um, das schon bald in Istanbul Premiere haben soll. Ich gratuliere, da ergänzt Verkin, sehr leise und auf Deutsch, dass die dämliche Hauptfigur ihrer Kitschromane für das Abschlachten von Armeniern und Aleviten gefeiert werde.

Zwei Kellner bringen zum zweiten oder dritten Mal Tee, ich versuche, mich an einer Bildbeschreibung dieser elf Personen im Kaffeehaus, und Verkin, zwei Personen unterhalten sich über ihren Kopf hinweg, sieht auf einmal müde aus. Ich frage mich gerade, wie lange diese improvisierte Politversammlung wohl noch dauern wird, da betritt der Bürgermeister von Beyoğlu das Café, drei Begleiter folgen ihm, alle vier in Politikeruniform. Großes Stühlerücken, Aufstehen, Begrüßung, erneute Vorstellungsrunde, noch mehr Tee, noch mehr Gebäck, und die Kellner rennen noch aufgeregter durcheinander, etliche Telefone am Tisch filmen, als der Bürgermeister spricht, und mir fällt auf, dass ich eigentlich gar nicht hier sein und am Tisch sitzen müsste, ich könnte mir diesen Moment auch live gestreamt in einem der sozialen Netzwerke ansehen. Auf meinem Telefon.

Auf dem Rückweg nach Suma Han sind die Seitenstraßen unterhalb des noch immer blau beleuchteten Galataturms weitgehend menschenleer. Verkin erzählt, dass Hippo an den Folgen einer Komplikation seiner Zuckerkrankheit starb.

Das ist zehn oder elf Jahre her, sagt sie, auch deshalb wollte ich mich an der Aktion zum Weltdiabetestag beteiligen.

Sie spricht dann über das Prinzip der Seniorität, von dem sie innerhalb der Partei und der Politik profitiere, die Türken, sagt sie, ehren, achten und respektieren das Alter. In der Partei werde sie mittlerweile *abla* genannt, ältere Schwester, worüber sie sich freue, worauf sie sogar ein bisschen stolz sei, denn *abla* sei eine Respektbezeichnung, die sie sich über viele Jahre erarbeitet habe.

Nur weil ich schon seit zwanzig Jahren dabei bin und mir nicht zu schade war, während der ersten Wahlkämpfe Zettel auf der Straße zu verteilen, kann ich als Frau und Armenierin heute mit den türkischen Granden der Partei zusammensitzen und Tee trinken, sagt Verkin. Dort, wo mich eigentlich niemand erwartet.

Überlaufende Beichte

Von Susanne Neuffer

Er muss etwas an sich haben, das die Leute zum Reden bringt.

Mein Reisegefährte ist kein Therapeut und auch kein Moderator nächtlicher Ratgebersendungen. Er ist Leitender Wassermeister, zuständig für frisches und schmutziges Wasser in einem riesigen Einzugsgebiet. Eine Aufgabe, die ruhiges Handeln und sachbezogenes Reden verlangt. In seiner Arbeitsplatzbeschreibung dürfte etwas von Kommunikationsfähigkeit stehen wie in jeder anderen Arbeitsplatzbeschreibung auch. Ich denke jedoch nicht, dass die Kollegen im Betrieb und an den Havariestellen ihm ständig das Herz ausschütten.

Der Erste war ein kleiner Dicker aus dem Rheinland, der auf dem Campingplatz sein Wohnmobil stehen hatte und uns beim Auspacken vor unserer Hütte sah.

Er kam eilig herübergelaufen, sagte etwas Nettes über den Platz, das Tal, über Ein- und Auspacken und begann sofort, alles über die Ländergruppe zu erzählen, die wir so schüchtern wie entschlossen bereisten. Alles hatte er schon gesehen, war überall gewesen, natürlich an den Extrempunkten im Norden und Osten, wusste, wo es die besten Pilze und Fährverbindungen gab. Ausführlich legte er seine Pläne für den nächsten Tag und die nächsten Wochen dar und glitt unversehens in seine Lebensgeschichte, etwas Schwermütiges, Katholisches, das wohl nur im einzigen Benediktinerkloster der Finnmark aufzulösen war. Eine Frau hatte er offenbar auch, sie hatte sich in das Wohnmobil – es war eines von der Sorte mittelgroßes Reihenhaus auf Rädern – zurückgezogen und lugte zwischen den Scheibengardinchen durch.

Ich trug die Sachen in die Hütte und bemühte mich, nicht hinzusehen, wie mein Wassermeister Max von einem Bein aufs andere trat. Es war schon ziemlich kühl und wurde langsam dunkel. Endlich kam er, seufzte und wunderte sich halblaut, warum ihm ein fremder Mensch so schnell so viel Vertrauliches erzählte. Es war wohl auch um nicht heilende Ekzeme auf dem Rücken und Probleme in der Beziehung gegangen.

Na ja, sagte ich, du darfst nicht von mir ausgehen. Er lachte, es war eine Art Running Gag zwischen uns, dass ich in unserer ersten Zeit fast nichts von mir erzählt, sondern ihn nur über das Wasserwerk ausgefragt hatte.

Es gab schon hin und wieder Anzeichen. Wenn wir zusammen eingeladen waren, fand sich mit Sicherheit jemand, oft (aber nicht immer) eine Frau, jemand, der in hohem Tempo Überzeugungen und Erfahrungen zu einem wüsten Knäuel verschnürte und ihm in den Schoß warf. Mit mir redeten die Leute nur Nettes, Aphoristisches, stark verkürzte Anmerkungen zu etwas, das ohnehin dauernd verhandelt wurde. Ich war stets zufrieden damit.

Der zweite Fall: diesmal ein magerer Langer im Alter zwischen letzten Anstrengungen und rettendem Ruhestand, der die Hütte neben uns bewohnte. Er sah meinen Gefährten, stellte fest, dass unser Wagen kein Camper war, sondern ein normal vollgestopftes Auto, und erklärte ihm in hohem Redetempo, wie man ein normales Auto zu einem Camper umbaut. Das war aber nur das Intro. Es folgten seine Berufsbiografie und die Krankengeschichte seiner Frau, die in Hörweite vor ihrer Hütte saß und einen Laptop bespielte. Depression, Mobbing, Ungerechtigkeit. Alles, während ich den Wagen ausräumte, Kochgeschirr unter den nassen Handtüchern hervorzog und die Schlafsäcke ins Haus trug. Ich setzte einen matten Hilferuf ab, um meinen Gefährten zu befreien, aber die fremde Geschichte und die Dringlichkeit, mit der sie vorgetragen wurde, hatten ihn bereits mit langen Tentakeln umklammert. Er löste sich erst, scheinbar unwillig, den Erzähler um Verständnis bittend, als ich den Topf mit der dampfenden Suppe aus dem Küchengebäude in die Hütte trug.

Ich will ja immer, dass man mich Marthe nennt und nicht Martha, schon weil ich zu Martha-Tätigkeiten neige, zum Einräumen, Kochen, ich schüttele Schlafsäcke aus, ramme Rucksäcke in die Hütte, ordne die Lebensmittelkiste neu. Andere Reisende lächle ich kurz an, werfe ihnen ein paar Brocken in der Landessprache zu und stecke dafür die Streicheleinheiten ein, mehr nicht.

Nur in jenem Camp im verfrüht verschneiten Schweden hatte es die Reinigungsfrau fertiggebracht, mir ihr Leben zu erzählen, sie folgte mir wie ein sprechender Schatten. Während ich nach dem Essen die Gemeinschaftsküche putzte, lehnte sie am Spülbecken, sah mir zu und erzählte. Und schon war ich Martha und Maria in Personalunion. Ich hätte ihr sagen müssen: Lass es sein, ich werde es benutzen, es ist einfach zu verlockend. Sie hatte den Mann im Süden des Landes mit vier Söhnen sitzengelassen, hier oben putzte sie die Hütten und die Sanitärräume, während sie darauf wartete, dass die Erzfirma endlich wieder Trucker einstellte. Sie sollten sie einstellen, weil sie schon ihr Leben lang nichts anderes tun wollte, als große Trucks zu fahren. Und sie war wütend und mürbe, weil sie immer noch putzte und die Erzfirma ihr keinen Truck gab. Ich hatte keine Gelegenheit, ihr etwas zu sagen, man kam nicht zwischen ihre Sätze, nicht mal Neid und Bewunderung wegen der Trucks konnte ich äußern, und am Sonntag, als wir den Platz verließen, saß sie vor ihrem Bauwagen und rauchte schweigend, nickte nur kurz.

Fall drei für Max war der Bergman-Mann. Wir hatten den Wagen auf einem Parkplatz am Fluss abgestellt, um einen empfohlenen Wanderweg zu gehen, und als wir zurückkamen, standen da ein Campingbus, vor dem eine rothaarige Frau frühstückte, und eine dunkelblaue Limousine, vorne so lang wie hinten, gepflegt und mächtig und eindrucksvoll.

Ein Mann steigt aus, er ist alt, ein Koloss in weißem Hemd und dunkelblauer Hose, geht langsam ein paar Schritte in Richtung Gebüsch, nur ein paar wenige Schritte, stellt sich mit dem Rücken zu uns und der Frau mit dem Nomadland-Wagen auf, die an dem großen Picknicktisch ein Brot auswickelt und dabei ein Buch liest. Offensichtlich öffnet er seine Hose und pinkelt. Ein paar Meter weiter auf der anderen Straßenseite gibt es eins dieser perfekten staatlichen Klos, auf die man sich in diesem Land immer verlassen kann. Manchmal sind sie sogar als Kunstobjekte gestaltet, verspiegelt, vergoldet – aber immer offen und benutzbar.

Während wir uns wundern, wohl auch irritiert schauen, ist er fertig geworden, schüttelt die letzten Tropfen in die Büsche, schließt seine Hose und geht an uns vorbei zum Wagen. Jetzt erst sehen wir, wie er geht. Wie unter einer großen Last schleppt er sich an unseren Blicken entlang. Holt ächzend eine Wasserflasche aus dem Auto, schon das Zuschauen tut weh, setzt sich auf eine Holzbank neben seinem Wagen und trinkt, wie ein Verdurstender.

Das ist ein Bergman-Mann aus einem Bergman-Film. Oder ein Vinterberg-Mann aus einem Vinterberg-Film. Reich und krank und traurig. Wahrscheinlich gehört ihm eine Fischfabrik, und er muss in die Hauptstadt wegen irgendwelcher neuer Vorschriften, aber vielleicht ist er auch der Staatssekretär, der die Vorschriften macht und den Fischern und Fischfabrikanten auf die Nerven geht. Seine Tochter hat einen Drogenabhängigen geheiratet, und seine Frau spricht seit Jahren kein Wort mit ihm. Seine Bandscheiben sind unter dem Gewicht der Mahlzeiten und der Jahre zusammengebrochen.

Die Rothaarige an ihrem Tisch sieht jetzt auch hin, versucht aber, unbefangen und unbeteiligt dreinzuschauen. Die Sonne liegt auf ihrem Haar und ihrem Tisch. Wir anderen sind unter dem Blätterdach, das Licht spielt mit uns.

Als der Augenblick vorbei ist, der Mann sich wieder in seinen Wagen gequält hat und mit unter den Reifen aufspritzendem Schotter davongefahren ist, tasten wir die Situation ab.

Der Mann hat nicht versucht, Max etwas zu erzählen.

Max hat nicht gefragt. Es hätte einer Bemerkung bedurft, einer Frage nach dem Alter des Wagens, ob er bequem sei (dazu eine Geste, die auf den schmerzenden Rücken verweist).

Es hätte ein Angebot gebraucht, eine Einladung. Nichts, was nach einem Vorwurf klingt.

Bewegung gewordene Scham, verschämte Sichtbarkeit des Leidens.

Unser spätes Begreifen.

Wer aber zieht den Speer aus der Wunde?

Der Merkur im Internet: Aktuelle Interventionen und Kommentare, Reaktionen auf Texte in der Druckausgabe, Blicke ins Archiv, Hinweise zu Tagungen und Links zu lesenswerten Artikeln und Essays online, zu finden unter:

www.merkur-zeitschrift.de/blog/

Demnächst:

Marina Martinez Mateo
Identität und Universalismus

Florian Meinel
Rechtskolumne

Daniela Dröscher
Ich ist (k)eine Andere